데이터 브랜딩

데이터 브랜딩

대전환 시대,
데이터는 어떻게
브랜드의 무기가 되는가

김태원 지음

유엑스리뷰

사람들은 '브랜딩' 하면, '감성', '크리에이티브'를 주로 떠올린다. 브랜드를 좀 아는 사람들은 '브랜드의 맥락'을 일관되게 유지하는 게 중요하다고 말한다. 맞지만, 부족한 관점이다. '데이터 브랜딩' 전도사 김태원 국장은 감성뿐 아니라 데이터 기반의 전략적 브랜딩을 실천하는 전문가다. 그는 브랜드의 맥락에서 '삶의 맥락'으로 넘어가는 빅 씽크Big Think를 촉구하며 꼭 필요한 화두를 던진다. '데이터 드리븐 브랜드 전략'. 책은 제목과 달리 쉽고 가볍게 볼 수 있어, 건강한 샐러드를 먹는 느낌이다.

최장순, LMNT 대표 겸 크리에이티브 디렉터, 『본질의 발견』 저자

디지털은 더 이상 선택이 아닌 필수이고 빅데이터를 활용하지 못해 도태될까 우려하면서도 무엇부터 시작할지 고민인 이들에게 이 책은 데이터에 끌려가지 않으면서 크리에이티브한 대안을 모색해 볼 수 있도록 모호한 개념을 명확하게, 장황하지 않고 간결하게 안내하는 지침서가 된다. 휘발되는 브랜드가 아닌 콘텍스트 안에서 지속 성장할 브랜드를 만들고 싶다면 이제 데이터에게 인사를 건네 보자.

최소현, 퍼셉션Perception 대표

데이터와 브랜드를 대칭점에서 보던 시대는 끝났다. 데이터는 브랜드에 영감을 주고, 브랜드는 다시 데이터에 생명을 불어넣어야 한다. 그리고 이를 위해서는 데이터와 브랜드를 모두 이해하는 균형감과 더불어 현실의 마케팅에서 적용성을 갖춘 가이드가 필요하다. 우리가 이 책에 주목해야 하는 이유가 바로 여기에 있다.

김동현, 엘베스트 L.best 광고부문 총괄상무

데이터라는 새로운 관점과 저자의 오랜 브랜드 경험을 바탕으로 브랜딩을 풀어가는 것이 매우 신선하다. 쉬운 말로 풀어냈음에도 데이터 브랜딩의 본질과 핵심을 잘 녹여낸 이 책을 통해 우리가 앞으로 어떻게 해야 하는지를 고민할 수 있다. 조금은 생소할 수 있는 '데이터 브랜딩'이지만, 이 책 한 권이면 충분하다.

이예현, 360컴퍼니 360company 대표

추천 서문

이노션 월드와이드 대표이사 이용우

바야흐로 대전환의 시대입니다.

코로나는 우리의 사회와 문화, 비즈니스, 그리고 일상까지

모든 것을 바꾸어 놓았습니다.

더욱이 다가올 포스트 코로나 시대에는

기존과 완전히 다른 뉴노멀이

새로운 표준으로 정착할 것으로 예상합니다.

그런 의미에서 올 한 해는 미래의 성장을 가름하는

중요한 변곡점이 될 것입니다.

변화를 미리 준비한 브랜드만이 생존하고 성장할 수 있습니다.

변화를 맞이할 것인가, 아니면 변화를 만들어 갈 것인가는

우리의 선택입니다.

이 지점에서 저자가 말을 걸어옵니다.
그는 급변하는 대전환기의 브랜드 변화와 혁신을
정면으로 마주합니다.

이 책의 저자는 단순히 지식과 정보만을 전달하지 않습니다.
살아있는 생각과 관점을 제시합니다.

'차세대 브랜드로 어떻게 살아남고
새롭게 성장할 것인가'에 대한
구체적이고도 색다른 견해를 보여 줍니다.
지난 20년 동안의 현업 경험과 그 과정에서 겪은
끊임없는 고민, 끈질긴 천착의 결과물이라고 평가합니다.

그의 중심 화두는 단연
디지털 트랜스포메이션Digital Transformation과
데이터 기반 브랜드 솔루션Data-Driven Brand Solution입니다.

이것은 이노션 월드와이드뿐만 아니라
모든 광고 대행사의 핵심 과제이기도 합니다.
광고 시장이 디지털 중심으로 재편된 것은
어제오늘의 일이 아닙니다.

광고주도 더 이상 전통 광고와 디지털 광고를
따로 구분하지 않으며, 통합된 서비스를 요구하고 있습니다.
이제 기존의 광고와 관련된 비즈니스를 넘어서서
디지털과 데이터를 중심으로 한 비즈니스 혁신으로
새로운 성장 동력을 만들어 내야 합니다.

브랜드도 마찬가지입니다.
궁극적으로 데이터 기반의 브랜드 전략을 제시하고,
데이터를 통해 영감을 줄 수 있는
크리에이티브 솔루션을 고도화하여,
새로운 디지털 생태계에서 새로운 사업 기회를 모색해야 합니다.

저자는 대전환이라는 거대한 변화의 흐름 속에서
새로운 혁신의 실마리를 제공하고 있습니다.
급변하는 시대에 핵심 경쟁력이라 할 수 있는
데이터와 브랜드를 다시 바라보고, 이 둘 사이의 관계에서
근본적으로 새로운 관점을 제시합니다.

무엇보다 데이터 기반 브랜드 전략의 일환으로
'콘텍스트'를 제시한 것은 탁월한 견해라 할 수 있습니다.
시시각각 변화하는 환경에서 맥락에 따라 새롭게 변화를 창조하고
지속적으로 혁신할 수 있는
다음 시대의 새로운 전략 프레임이라 평가합니다.

거대한 패러다임 전환기에 걸맞은
새로운 해결책에 목말라 있는 독자라면,
이 책을 통해 데이터와 브랜드에 대한
새로운 눈을 뜰 수 있기를 바랍니다.

Prologue

브랜드의 영향력이
점점 사라지고 있습니다.

브랜드가
급변하는 세상과 시대가 요구하는 해결책을
마주하지 못했기 때문입니다.

지금의 변화된 세상과 브랜드 사이에
간극이 있는 것이죠.

그래서, 감히 뛰어들었습니다.
그리고 그 정체가 무엇인지 찬찬히 들여다봤습니다.
그런데, 이것은 그냥 단순한 틈이 아닙니다.

제가 내린 결론은
이 간극이 아무도 경험하지 못한
대전환기의 시작점이라는 것입니다.

올해로 제가 브랜드, 마케팅, 데이터 분야를
업으로 삼고 지내온 지 어느덧 20년이 되었는데요.
지금의 이 변화는 심상치가 않습니다.

우리는 예측할 수 없는 도전에 직면해 있습니다.
원칙이라고 믿었던 진리가 혼란스럽게 흔들리고 있습니다.
업계의 모든 룰이 재편되고 있는 느낌입니다.

소비자들이 시장의 주도권을 갖게 됐습니다.
마케팅 퍼넬Funnel은 온데간데없이 사라졌습니다.

마케팅은 사람들을 분노하게 합니다.
광고의 영향력은 미미해졌습니다.

고객 충성도는 미신이 됐습니다.
기술은 우리가 따라잡을 수 없는 속도로 급변합니다.
데이터가 우리를 압도하고 있습니다.

그리고 전형적인 기존 브랜드의 역할은
과거의 것이 돼 버렸습니다.

우리는 이 거대한 도전에 맞서야 합니다.

브랜드는
살아남기 위해 다시 진화해야 합니다.
새로운 세상의 리더로 다시 우뚝 서야 합니다.

이제 급변하는 세상과 정면으로
마주해야 할 시간입니다.

새로운 시대에도
지속적으로 성장할 수 있는
새로운 세계관이 필요합니다.

기존에 안주하던 길을 버리고
완전히 새로운 길을 가야 합니다.

하지만 이 길은 누가 닦아 놓은 탄탄대로가 아닙니다.
가로등 하나 없이 칠흑같이 어두운, 앞이 보이지 않는 길입니다.
언제 어떻게 변할지 모르는, 한 치 앞도 예측할 수 없는 길입니다.

바로 여기, 신세계로 통하는 문이 있습니다.

이 책이 대전환 시대의 변화와 혁신으로 가는 길에
길잡이가 되었으면 합니다.

"Welcome to the Transformation Age!"

· 차례 ·

Dual
Transformation

0강   Dual Transformation

시대의 변화를 리드하는 데이터와 브랜드의 대전환

인류의 진보는 새로운 기술과 도구를 통해 이루어집니다.

시계로 예를 들어 볼까요?

지금은 모두에게 당연한 물건이지만,

과거에는 그렇지 않았죠.

우리는 '시계'라는 같은 도구를 통해

같은 세계를 형성해 왔습니다.

시계가 시간을 보는 방식을 규정한 겁니다.

우리 모두가 같은 프레임으로 시간을 바라보게 하고,

같은 방식으로 이해하게 만든 것입니다.

시계가 세상을 바라보는 방식을
바꾸어 놓았다고 할 수 있습니다.
이제 우리는 시계 없이 살 수 없습니다.

이처럼,
우리가 사용하는 도구가
우리의 사고방식을 결정합니다.
도구가 바뀌면
세상을 이해하는 방식이
달라지는 것이죠.

빅데이터Big Data 역시 도구에 불과합니다.
그러나 이 도구를 모두가 이용하게 되면,
데이터는 결국 세상을 이해하는 방식을
바꾸게 될 겁니다.

"기술이 우리가 세상을
이해하는 방식을
결정한다."

니콜라스 카
Nicholas Carr,
『생각하지 않는 사람들』

모두가 대대적인 기술의 혁신과 셀 수 없이 무한한
데이터의 양에 대해 이야기하고 있습니다.
하지만 한발 뒤로 물러나 보면
'기술이 얼마나 빠르게 혁신적으로 변하는지'
'데이터가 얼마나 많이 증가하고 있는지'
이런 것들은 별로 중요하지 않습니다.

더 중요한 것은
그것이 삶에 적용돼서
우리의 실제 삶을 바꾸고 있다는 것입니다.
그리고 우리가 세상을 이해하는 방식이
바뀌고 있다는 사실입니다.

이처럼 데이터의 영향력이
상상할 수 없을 정도로 커져 버렸다는 사실은
부인하기 어렵습니다.

데이터로 인해
우리는 이전에는 볼 수 없었던
복잡하게 얽혀 있는 삶을 캐치할 수 있게 되었고,
더욱 미세한 삶의 흔적과 더불어
거대한 세상의 총체적인 콘텍스트까지
한눈에 들여다볼 수 있게 되었습니다.

세상은 이제 '복잡함^{Complexity}'을 빼놓고는
설명할 방법이 없습니다.
기업과 브랜드, 소비자 모두
단순한 것을 추구하지만,
세상은 점점 복잡해지고 있습니다.

빅데이터는 이 복잡함을 이해할 수 있는
거의 유일한 방법입니다.
이제 우리는 복잡함과 친구가 되어야 합니다.
이것이 우리에게 경쟁력을
가져다줄 것이기 때문입니다.

브랜드는 이제 이 광활한 데이터 세상에서
새로운 의미를 추출해 낼 수 있는
차원이 다른 방법을 강구해야 합니다.
급변하는 환경에 살아남기 위해
브랜드는 계속 진화해야 합니다.

이 책은 대전환 시대에 살아남고자 결의를 다지는
브랜드의 생존을 위한 선언문^{Manifesto}입니다.

혹시 어제의 브랜드가 만들었던 세상의 안락함에
아직도 안주하고 있다면 당신은 세상의 변화에
귀를 닫고 있는 것입니다.

구글^{Google}, 애플^{Apple}, 아마존^{Amazon},
넷플릭스^{Netflix}, 우버^{Uber}, 테슬라^{Tesla} …

세상은 이미 디지털과 데이터 경쟁력을 가진
IT 공룡들이 지배하고 있습니다.
그들의 데이터 분석 역량은 우리의 상상을 뛰어넘고 있으며,
그들의 디지털 플랫폼은 이미 새로운 표준으로 자리 잡았습니다.

그들은 이미 삶의 일부가 되어가고 있습니다.

이러한 환경에서 기존의 브랜드로
디지털 대전환Digital Transformation에 성공한다고 해도
우리만의 존재 이유를 드러내기도,
차별점을 부각하기도 어렵습니다.
이미 디지털과 데이터 경쟁력은
기업의 핵심 역량이자 기본이 되어 버렸기 때문입니다.

디지털과 데이터가 언제나 존재하는
절대 상수Absolute Constant가 된 것이죠.

디지털과 데이터 중심의 접근을 따라잡아야 하지만,

그것만으로는 어림없습니다.

디지털이 보편화되고 데이터가 상존하는 세상에서는

데이터만으로 충분하지 않습니다.

데이터는 인공지능 기술로 자동화되고

바로 지금 벌어지고 있는 현실을 실시간으로 해석할 수 있지만

사람들과의 공감을 만들어 낼 수도,

새로운 미래를 상상할 수도 없습니다.

데이터만으로 새로운 세상의 리더가 되기는 어렵습니다.

이를 뛰어넘는 차원이 다른 경쟁력이 필요합니다.

그리고 그 경쟁력의 중심에는
브랜드가 있습니다.

애플을 보면 그 답을 알 수 있습니다.

애플은 아이폰으로 모바일 디지털 세상을 열었습니다.
아이튠즈itunes를 통해 디지털 세상의 핵심 플랫폼으로
자리 잡았습니다. 애플의 모든 기기와 콘텐츠, 사용자를
연결하는 생태계를 만들었습니다.
디지털 세상에서 하나의 표준을 만든 것이죠.

하지만 거기서 그치지 않습니다.
전 세계 브랜드들이 오프라인 매장을 없애고
디지털 중심의 판매를 펼칠 때
'애플 스토어apple store' 매장의 직원 수를 과감히 늘리고
소비자들의 정서적 유대감을 이끌어내서
의미 있는 고객 경험을 창출하는 전략을 구사하고 있습니다.
또한, 인간의 창의성을 끊임없이 창출할 수 있는
브랜드 비전을 몸소 실천하고
크리에이티브한 문화를 만들어가고 있습니다.

애플은 가장 디지털적인 것이 무엇인지 보여주는 동시에
가장 인간적인 체험이 어떤 것인지 생생하게
보여주는 교과서입니다.

이처럼 '가장 디지털적인 것'과 '가장 인간적인 것'이 만나야 합니다.

최첨단 디지털에 인간적인 접근이 필요합니다.
빅데이터로 경쟁력에
인문학적인 창의력과 사람 냄새나는 해석이 동반되어야 합니다.
디지털이 촘촘하게 연결됨과 동시에 소비자와의 감정적 애착과
밀접한 관계를 형성할 수 있는 인간적인 면모를 갖추어야 합니다.

디지털적인 것과 인간적인 것의 결합
데이터적인 것과 브랜드적인 것의 결합

이를 이중 대전환 Dual Transformation
이라고 부르겠습니다.

이 두 영역의 만남이야말로
브랜드가 미래에 살아남을 수 있는 유일한 길입니다.

이 책은 크게 데이터와 브랜드,
두 가지의 대전환을 다룰 것입니다.

디지털과 데이터라는 핵심 경쟁력을 갖추지 못한다면,
앞으로 10년 후 살아남을 기업은 아마 없을 것입니다.

강력한 디지털화와 데이터화가 이뤄지는 새 시대에는
인간적인 연결과 감성적인 유대 관계는 서서히 사라질 겁니다.
희소해지면 그 가치는 그만큼 커지게 마련이죠.
브랜드와 소비자의 인간적인 면과 그 질적 관계는
더욱 희소한 가치가 될 것입니다.
시대의 변화를 리드하는
브랜드의 대변신Brand Transformation이 필요한 이유입니다.

데이터의 진정한 힘과 인간적인 브랜딩의 힘을 볼 줄 아는 눈.
우리에게는 이 두 가지가 동시에 요구됩니다.

데이터 대전환과 브랜드 대전환이라는 혜안을 가지고
"새롭게 펼쳐진 디지털 대전환 시대에 어떻게 하면
데이터 경쟁력을 가져갈 수 있을 것인가?"
"모든 것이 급변하는 세상에서 비즈니스의 핵심인
브랜드는 어떻게 변화시킬 것인가?"
이 두 가지 질문에 대한 대답이 필요한 것이죠.

결국, 데이터 혁신과 브랜드 혁신이 만나야 합니다.
데이터와 브랜드, 어느 것 하나either or가 아닌
둘 다both and가 필요하기 때문입니다.

새로운 시대의 경쟁력은
데이터 트랜스포메이션과 브랜드 트랜스포메이션
이 둘의 완전체가 만들어낼 것이기 때문입니다.

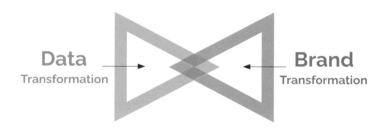

· Dual Transformation ·
데이터 대전환과 브랜드 대전환의 만남

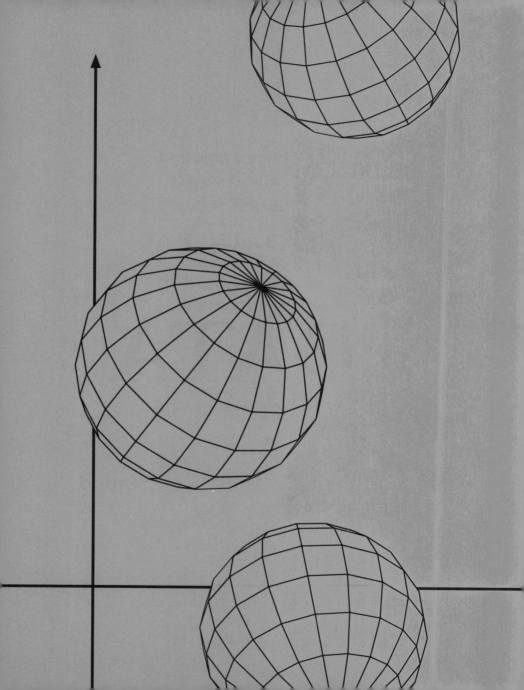

Part.1

DATA

Digital
Transformation

1강 Digital Transformation

삶의 변화를 만들어 내는
디지털 트랜스포메이션

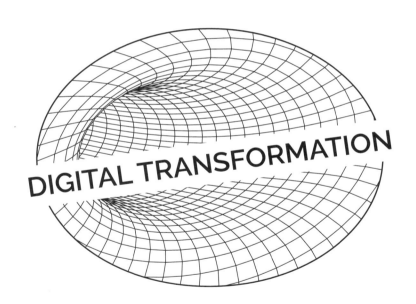

디지털 변화가 아닌,
사람과 삶의 변화

디지털 임팩트로 인해
우리는 급변의 시대를 살고 있습니다.

기술의 혁신, 모바일의 등장,
소셜 미디어의 일상화,
매체의 세분화 그리고 파편화,
데이터의 폭발적 증가.

이른바 디지털로 모든 산업이 변화하고 있습니다.
아니, 변화하지 않으면 살아남지 못할 정도로
요동치고 있습니다.

이에 브랜딩과 마케팅 현업 담당자들의 고민은
밤잠을 못 이룰 정도로 나날이 깊어집니다.

"미래를 예측하는
최선의 방법은 미래를
창조하는 것이다."

앨런 케이
Alan Kay,
컴퓨터 과학자

기업마다 모두 디지털 관련 부서에 역량을 집중하고
'디지털 트랜스포메이션 Digital Transformation'에
투자를 아끼지 않는다고 연일 야단입니다.

그런데 태생이 디지털인 기업이나 스타트업 이외에
디지털 트랜스포메이션에 성공한 사례를 찾아보면
손에 꼽거나 거의 찾아볼 수 없습니다.

왜일까요?

우리 주변의
'디지털 트랜스포메이션'을
살펴보세요.

말이야 거창하지만, 실제로는 디지털을
그냥 하나의 채널로
바라보고 있는 거 아닌가요?

기업 경쟁력이라고 말하지만, 디지털 마케팅팀처럼
특정 부서가 전담하고 있는 게 현실 아닌가요?

모두가 디지털을 외치지만,
마케팅의 주류는 여전히 TV, 라디오, 신문 같은
일방향의 전통 매체 광고가 아닌가요?

모두가 디지털로의 혁신적 변화를 외치지만,
정작 일할 때는 예전에 하던 대로
그냥 마케팅하는 것 아닌가요?

단적으로 이야기하면,
우리는 '디지털' 그 자체를 표면적으로 해석해
또 하나의 매체쯤으로 받아들이고 있는 것 같습니다.

그냥 하던 마케팅 업무에 디지털 채널을 추가해
어떻게 하면 통합적으로 관리하고
얼마나 효율적으로 진행할 수 있을까 하는
얕은 고민에만 빠져 있는 것 같습니다.

하지만 이런 방식으로 혁신적인 변화가
일어날 리 만무합니다.
보다 근본적인 접근의 변화가 필요한 시점입니다.

그럼 진짜
'디지털 트랜스포메이션'
이라는 문제의 본질은
무엇일까요?

본론에 들어가기 전에
재미있는 예시를 볼까요?

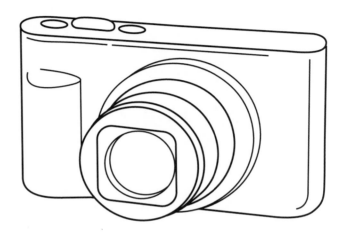

이것을 뭐라고 부르실 건가요?

디지털카메라?
카메라?

'디지털카메라'라 부르신다면 디지털 세계에 이민 오신 겁니다.
디지털 시대의 이민자인 거죠.
디지털을 글과 책으로 배운 세대입니다.

만약 '카메라'라 부르셨다면,
네이티브라고 말씀드릴 수 있습니다.

이름하여 디지털 네이티브Digital native.
디지털 원주민 혹은 디지털카메라만 봐 온 세대라 할 수 있죠.

이들에게는 디지털카메라가 그냥 카메라입니다.
태어날 때부터 디지털로 생활하고 노는 일상을 보냈기 때문에
디지털이 없으면 살 수 없는 세대입니다.

디지털을 글로 배운 사람들 vs 디지털이 생활 그 자체인 사람들

여러분은 어디에 속하시나요?

• 디지털카메라 vs 카메라 •

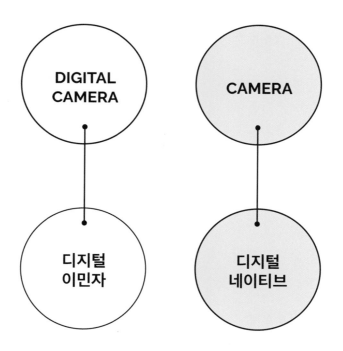

『뉴 노멀The New Normal』의 저자 피터 힌센Peter Hinssen은

디지털 시대를
"디지털이란 말조차 필요 없는
디지털 표준의 시대"라 정의했습니다.

태어날 때부터 디지털이란 말이 필요 없는
디지털 원주민, 디지털 네이티브.
앞으로 우리는 이들을 상대해야 합니다.

이제 감이 오셨나요?

지금 이 시대를 살아가고 있는
디지털 네이티브를 상대하기 위해서는
디지털을 대하는 근본적인 사고부터 전환해야 합니다.

디지털을 기술, 미디어, 도구쯤으로 생각한다면
아마 평생토록 그들에게 다가갈 수 없을 겁니다.

이제 그들에게 디지털은 보통의 삶이고 보통의 일상입니다.

둘러보세요. 이제 디지털이 아닌 게 없습니다.

뉴스, 방송, 만화, 음악, 영화…

우리가 아날로그라고 생각하던 모든 매체와 콘텐츠는
전부 디지털로 바뀐 지 오랩니다.
디지털이 너무 자연스러워서
아날로그와의 경계가 무의미해졌고,
둘 사이의 구분이 필요 없게 되어 버렸습니다.
우리의 삶은 디지털 이전을 상상할 수 없을 정도로
변해 버렸습니다.

단언하건대, 이제 디지털은 단순히 또 하나의 미디어 수단이 아니라
소비자 삶의 방식을 바꾸는 새로운 패러다임입니다.
패러다임이라는 거창한 말로 설명하기보다는
'삶 그 자체' 라 말씀드리고 싶습니다.

문제의 본질은 디지털이란 기술과 도구가 아닙니다.

문제의 본질은 디지털로 인한 사람들의 변화에 있습니다.

디지털이 사람들의 일상을 지배해서 그들이 살아가는 삶의 방식을 바꾸었다는 데 있습니다.

그리고 사람들의 소비 행동과 구매 행동이
모두 변해 버렸다는 것에 있습니다.

누구나 늘 끼고 다니는 스마트폰을 통해 정보 탐색과 공유가
무한대로 자유로워졌습니다.
원하는 정보를 언제든 쉽게 찾을 수 있는 소비자들은
이제 더 이상 기업의 말에 귀 기울이지 않게 되었습니다.
커뮤니케이션의 주도권은
이미 브랜드에서 소비자로 이동해 버렸습니다.
디지털로 인해 소비자 행동의
근본적인 변화가 이루어진 것입니다.

마케팅의 대전환

그렇다면 이제

비즈니스가…

마케팅이…

브랜딩이…

광고가…

응답할 차례입니다.

비즈니스와 마케팅 차원에서 보면

이 거대한 흐름의 변화는 결국

인식에서 행동으로의 변화입니다.

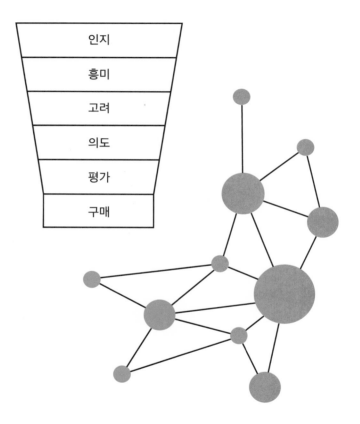

인지
흥미
고려
의도
평가
구매

· 퍼넬에서 네트워크로 ·

광고와 마케팅 효과에 대한 우리의 일반적인 생각은
소비자들이 메시지를 일방적으로 받아들이는 구조로,
단계적인 계층 효과를 거친다고 여겨왔습니다.
이를 마케팅 퍼넬Funnel이라고 하는데요.
메시지를 통해 브랜드를 알게 되면 관심을 가지고,
관심을 가지면 좋아하게 되고,
좋아하면 구매한다는 논리이죠.

하지만 이러한 일방향적인 메시지 중심의 마케팅 성공 공식은
이미 깨져 버렸습니다.
기존의 인지, 관심, 호감, 구매에 기반한
단선적인 깔때기 구조의 구매 의사 결정 과정으로는
디지털 시대의 소비자를 털끝만큼도 설명할 수 없습니다.

디지털 패러다임 변화로 인해
소비자들은 상상할 수 없을 정도로 복잡한 선택 과정을 거칩니다.

디지털 시대의 구매 행위는 예측할 수 없을 만큼
수많은 과정을 거치며, 지금 이 순간에도 변화무쌍하게
변하고 있습니다. 이제는 **단선적인 계층 구조가 아니라**
복잡하게 얽혀 있는 '네트워크 구조'로 밖에 설명이 되지 않습니다.
원하는 정보를 쉽게 찾을 수 있는 소비자들은
더 이상 마케터의 말에 귀 기울이지 않는 것이 현실입니다.
언제 어디서든 검색을 통해 자기가 원하는 것을 구매할 수 있고,
구매한 이후에는 다양한 방법으로 경험을 공유합니다.

단적으로, 디지털 시대의 구매는
검색과 공유라는 행동의 무한 반복 속에서 일어나는

일종의 여정,
즉 소비자 의사 결정 여정 Consumer Decision Journey
이라 할 수 있습니다.

이에 맞게 마케팅도 완전히 바뀌어야 합니다.
소비자들이 변했듯이
마케팅 역시 인식 차원에서 행동 차원으로,
거대한 판의 변화를 이루어 내야 합니다.
이것은 디지털 그 자체 때문도,
기술 때문도,
매체 때문도 아닙니다.

사람들의 행동 변화 때문입니다.
모든 것이 인식에서 행동으로 재편되어야 할 때입니다.

그리고 그 중심에 데이터가 있습니다.

Data Shift

2강 Data Shift

데이터가 중요하지 않은 데이터 세상?

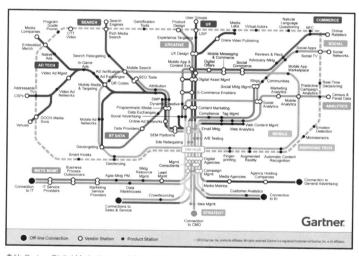

출처: Gartner Digital Marketing transit Map, 2018

데이터 마케팅이 아닌,
데이터 시대의 마케팅

IT 시장 분석 전문 기관, 가트너^{Gartner}는
매년 10대 전략 기술 트렌드를 발표합니다.
그들은 최근 디지털 마케팅과 관련된 산업 생태계를
지하철 노선도처럼 압축적으로 정리했습니다.
이 그림을 보면 수많은 기술과 부문들이
복잡하게 얽혀 있는 것을 알 수 있습니다.

여기서 우리가 얻을 수 있는 가장 큰 시사점은
디지털 마케팅 생태계의 수많은 기술과 부문 중에서
데이터와 분석이 가장 중심에 있다는 것입니다.
그리고 그 데이터와 분석을 중심으로
모든 사업과 기술이 재편되고 있다는 것입니다.

"데이터가 많아지면 불필요한
소음의 양도 늘어난다.
신호에서 소음을 제거해
의미를 발견하는 것이
중요하다."

네이트 실버
Nate Silver,
『신호와 소음』

이제는 굳이 말할 필요도 없이,
데이터와 분석이 마케팅의 본류와 핵심으로 자리 잡았습니다.

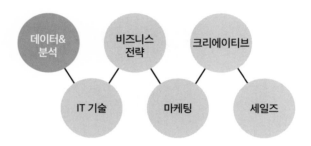

기업의 가치를 창출하는 밸류 체인 상의 모든 영역이
데이터와 분석 중심으로 재편되고 있는 상황입니다.

광고 대행사의 비즈니스도 이 데이터와 분석을 중심으로
변해가고 있습니다.
약 10년 전만 해도 전 세계 광고 대행사 매출 순위의 상단에는
전통적인 광고 대행사가 굳게 자리를 차지했습니다.

순위	기업명, 본사 위치	2019년 전 세계 매출
1	**WPP** London	$16.9B
2	**Omnicom Group** New York	$15.0B
3	**Publicis Groupe** Paris	$12.3B
4	**Accenture's Accenture Interactive** New York	**$10.3B**
5	**Interpublic Group of Cos.** New York	$10.2B
6	**Dentsu Group** Tokyo	$9.6B
7	**Deloitte's Deloitte Digital** New York	**$7.9B**
8	**PwC's PwC Digital Services** New York	**$6.7B**
9	**IBM Corp.'s IBM IX** Armonk, N.Y.	**$5.6B**
10	**BlueFocus Communication Group** Beijing	$4.1B
11	**Hakuhodo DY Holdings** Tokyo	$3.0B
12	**Chell Worldwide** Seoul, South Korea	$2.9B
13	**Vivendi's Havas** Puteaux, France	$2.7B
14	**Advantage Solutions' Advantage Marketing Partners** Irvine, Calif.	$1.7B
15	**MDC Partners** New York	$1.4B
16	**QUAD** Sussex, Wis.	$1.4B
17	**P.R. Donnelley's RRD Marketing Solutions** Chicago	$1.3B
18	**INNOCEAN Worldwide** Seoul, South Korea	$1.1B
19	**Freeman** Dallas	$1.1B

출처: AD age Agency Report 2020

*Billion(10억) 단위

그런데 최근 TOP 10에

액센츄어Accenture, **딜로이트**Deloitte, **프라이스워터하우스쿠퍼스**PwC,
아이비엠IBM과 같은 글로벌 IT 컨설팅사들이 올라와 있는 것을
보실 수 있을 겁니다.

데이터 분석 기반의 기술 경쟁력과 컨설팅 경쟁력을 중심으로
광고 산업에 뛰어들어 광고업계를 잠식하고 있는 것이죠.

데이터와 분석 중심으로
광고 시장과 업계가 재편되고 있는 것이
느껴지시나요?

이제 우리는 어떻게 해야 할까요?

데이터 마케팅은 30년 전에도, 100년 전에도 있었습니다.
CRM 마케팅, 다이렉트 마케팅, 일대일 마케팅…

전부 들어 보셨을 겁니다.
데이터 마케팅이 어느 날 갑자기 생겨난 것은 아닙니다.

지금은 뭐가 다를까요?
빅데이터라서 다른 건가요?

데이터가 중요하다 하니까 데이터 분석을 열심히 하고,
이를 바탕으로 마케팅하면 잘할 수 있을까요?

표면적인 상황 변화가 아니라 거대한 흐름의 변화를 체감해야 합니다.

지금은 데이터가 물과 공기처럼 상존하는 세상입니다.
삶의 모든 것들이 데이터화되고 있습니다.
세상 자체가 데이터화되고 있다고 해도 과언이 아닙니다.

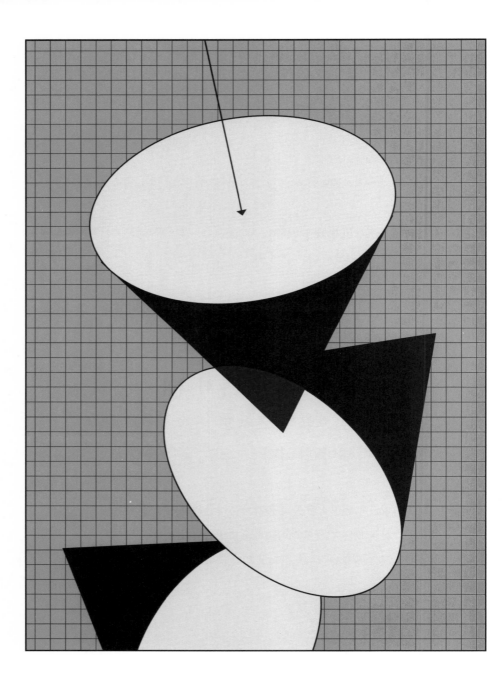

데이터의 영향력은 우리가 상상할 수 없을 정도로
커져가고 있습니다.

그렇다면 '빅데이터'와
'데이터화'의 진짜 의미는
무엇일까요?

IT 기술 발전으로 인해 세상 모든 것들이 데이터로 전환되어,
우리가 정보로 인식할 수 있도록 저장되고 있는 것입니다.

세상 모든 것들이
수치화되고 정량화되고 있다는 것을 의미합니다.
세상 모든 것들이
저장되고 정제되어 분석 가능하다는 것을 의미합니다.

더 중요한 것은 데이터화되는 대상입니다.
쉽게 측정이 가능하던 것에서 더 나아가
측정이 불가능했던 모든 범주가 데이터화되는 것입니다.

기존에도 쉽게 저장하고 기록하던 물리적 데이터를 넘어서서
사람들의 일거수일투족 모든 행동들이 데이터화되고 있습니다.

빅데이터를 통해 우리는 이름하여
'새로운 리얼리즘 세상'에 들어섰습니다.

데이터 그 자체가 아니라 데이터 시대의 변화상을
살펴봐야 할 것 같습니다.

데이터 시대에는 데이터를 바라보는 시각이 달라져야 합니다.

빅데이터, 그 단어의 뉘앙스에서도 느껴지듯이
이제는 데이터의 사이즈가 모든 것을 결정합니다.

2025년쯤이면 데이터의 양이 지금의 10배가 된다고 하는데요.
그 수치가 어림잡아 175제타바이트(0이 21개 있는 단위,
1,000,000,000,000,000,000,000)의 양이라고 합니다.

이 어마어마한 데이터 총량이 결국
새로운 인사이트를 줄 수 있다는 것이죠.
양이 질을 결정할 수 있습니다.

빅데이터는 데이터 모수 전체를 대상으로 하기 때문에
기존 조사로는 불가능했던 다양한 소비자 행동을 관찰하고
숨어있던 인사이트를 도출해 낼 수 있게 되었습니다.
데이터의 양이 많아지면 분석 자유도 또한 높아지고,
이전에는 꿈도 꾸지 못했던 디테일한 정보가 수집되어
세부 분석이 가능해집니다. 작은 샘플로는 불가능했던
데이터의 연관 관계를 살펴볼 수 있기 때문에
숨어 있던 잠재 요인을 밝혀낼 수 있습니다.

기존에는 발견할 수 있다고 감히 생각지도 못한 것들을
밝혀내어 새로운 시사점을 얻을 수 있는 것이죠.

우리는 이처럼 거대한 변화에 대한 인식을 가지고
마케팅을 어떻게 할지 고민해야 합니다.

좀 더 구체적으로 이야기를 해 볼까요.

디지털 세상에서는 누구나 흔적을 남깁니다.

소비자들이 어떤 상품을 구매하는지(구매 이력 데이터),
문제가 생겼을 때 어떤 검색을 하는지(검색 데이터),
소셜 미디어에서는 어떤 이야기를 하는지(소셜 미디어 버즈 데이터),
유튜브에서 어떤 콘텐츠를 보는지(콘텐츠 지표 데이터),
어떤 콘텐츠를 공유하는지(인게이지먼트 지표),
어떤 앱을 얼마만큼 사용하는지(앱 사용 데이터).

디지털 세상의 흔적
빅데이터

이 같은 방대한 데이터를 너무나도 쉽게
측정할 수 있는 세상입니다.

과거에는 이러한 수많은 흔적들 모두
시간이 지남에 따라 사라졌지만,
이제는 전부 고스란히 데이터로 저장됩니다.
이 흔적들을 중심으로 소비자 행동을 분석하면,
기존에 볼 수 없었던 소비자 행동 패턴을
실시간으로 파악할 수 있습니다.

이제는 사람들에게 좋은지, 나쁜지,
생각은 어떤지, 느낌은 어떤지 물어볼 필요가 없습니다.
생각, 태도, 느낌, 감정들을 사람들에게 물어보는 것이 아니라
실시간으로 발생하는 흔적들을 통해
누가, 언제, 무엇을, 어떻게 했는지
추적하고 관찰할 수 있습니다.

결국 세상에 흩어진 데이터를 통해
이전에는 꿈도 꾸지 못했던
어려운 문제들을 해결할 수 있는 겁니다.

데이터 세상에서 우리는 모든 것을 볼 수 있고,
어느 것도 잊지 못하게 되었습니다.
데이터가 물과 공기처럼 일상화되고 자동적으로 생산되는
지금 같은 세상에서는 누구나 데이터에 접근할 수 있으며
마음만 먹으면 무엇이든 분석하여
원하는 결과를 얻어낼 수 있습니다.

그런데
데이터가 많아지면 많아질수록
역설적으로 데이터는 중요하지 않습니다.

셀 수 없이 많은 데이터 안에서
무엇을 봐야 할지에 대한 분석의 목적이 더 중요합니다.
어떻게 봐야 할지에 대한 분석의 관점이 더 중요합니다.
어떻게 분석할지에 대한 체계적인 프레임이 필요합니다.

결국 데이터 시대에는
아이러니하게도 데이터 그 자체가 아닌
데이터를 바라보는 눈이 중요합니다.
인사이트를 추출할 수 있는 능력이 필요합니다.

브랜드가 이 어마어마한 데이터를 이용해
시시각각 변하는 소비자 행동을 더 잘 이해한다면,
새로운 기회와 경쟁 우위를 얻어낼 수 있습니다.

하지만 수많은 데이터를 가지는 것만으로
그냥 얻어지지는 않습니다. 새로운 관점이 필요합니다.
데이터의 의미를 해석할 수 있는 우리만의 프레임이 필요합니다.

빅데이터에 빠져 데이터 그 자체가 말하는 숫자에만 매몰되면
아무것도 바뀌지 않습니다.
데이터가 드러내는 표피적 관계에서 벗어나
소비자 행동을 보는 새로운 기준이 필요합니다.

데이터 그 자체만 바라보는 것이 아닌
뒤로 물러서 새로운 통찰력으로 세상을 바라볼 수 있는
관점을 가져야 합니다.

그래서
데이터를 보는 시각의 대전환이
필요합니다.

그냥 하던 데이터 마케팅이 아니라
데이터 시대라는 패러다임으로
마케팅의 대전환을 이루어 내야 합니다.

데이터 마케팅.
아니
데이터 시대의 마케팅!

데이터 시대의 마케팅은 **마케팅의 지평을 넓히는** 일입니다.

마케팅이 데이터에 한정된 것이 아닌,

데이터가 **마케팅의 도약대 역할**을 해야 합니다.

데이터 시대의 마케팅은 데이터를 분석하는 것에 멈추지 않습니다.

분석을 넘어서 **마케팅 전체를 새롭게 해야 합니다.**

결국 **마케팅 패러다임 자체를 바꾸는** 일입니다.

구체적으로,

데이터 시대의 마케팅은 소비자 내면의 깊이를 탐구하는 일입니다.

하지만 기존의 방식과는 전혀 다른 방식으로 접근해야 합니다.

빅데이터를 통해 소비자 행동을
직접 파악할 수 있는 길이 새롭게 열렸습니다.
소비자 행동 그 자체로
소비자가 말하지 못하는 민낯을 드러낼 수 있습니다.
소비자의 인식이 아닌, 행동에 접근하는
혁신적인 새로운 사고가 필요합니다.

요컨대, 데이터 시대의 마케팅을 위해서는
대담한 생각의 전환이 필요합니다.
기존의 점진적인 변화와는 완전히 다른,
판이 바뀌는 변화를 인식해야 합니다.
지금 하던 일을 조금 잘하는 것이 아니라
기존에 없던 새로운 일을 하는 것입니다.
기존에 상상할 수 있는 범위를 넘어선
10배, 100배의 상상력이 필요합니다.
이를 이름하여 '문샷 싱킹Moonshot Thinking'이라 합니다.

지구 안에서 아등바등하는 것이 아니라
우주로 가는 새로운 상상력이 필요합니다.

그래서 데이터에 머물러서는 안됩니다.
분석에만 머무를 수 없습니다.

문제는 데이터 그 자체가 아니라는 거죠.
이런 관점에서 보면, 데이터는 중요하지 않습니다.
더 중요한 것을 보아야 합니다.

빅데이터 시대에 데이터가 중요하지 않다?
데이터 중심Data-driven이라고 하는데
데이터가 먼저가 아니다?
좀 이상하죠.

"To a man with a hammer, everything looks like a nail"

망치를 들고 있으면 세상 모든 것이 못으로 보인다고 합니다.
우리 모두가 빅데이터에 함몰되어 데이터라는 망치를 들고
모든 문제를 데이터로 해결하려고 합니다.
데이터에만 빠져 있는 거죠.

일단 망치를 내려놓고
세상을 다시 바라봐야 합니다.

그래야 변화된 세상이, 변화된 소비자가 보입니다.
변화된 세상의 패러다임 전환을 체감하려면
데이터를 대하는 자세가 180도 달라져야 합니다.
데이터 그 자체를 넘어서
세상의 문제에 집중해야 진짜 변화를 만들 수 있기 때문입니다.

조사 패러다임에서
수사 패러다임으로

데이터로 세상의 문제를 해결하려면
'조사Research'가 아니라 '수사Investigation'가 필요합니다.

데이터를 조사의 프레임으로 바라보는 기존의 관점이 아니라
탐정과 수사관의 관점에서 세상의 모든 데이터를 새롭게 바라봐야
진짜 문제를 해결할 수 있습니다.
데이터 분석이 조사가 아니라 수사가 되어야 한다는 것입니다.

조사는 상황에 대한 이해와 현황을 묘사하는 것에 초점을 맞춘다면,
수사는 범인을 잡는 것과 같이 문제 해결에 집중합니다.

VS

RESEARCH

What they THINK
How they FEEL

상황에 대한 이해에 초점
Description

INVESTIGATION

What they DO
What they TALK

문제 해결에 초점
Problem Solution

· 조사가 아니라 수사 ·

데이터 시대의 데이터 분석은
사람들의 생각과 인식, 감정과 태도를
간접적으로 물어보는 조사가 아니라
실생활의 행동을 추적하고
일상에서 하는 말을 듣는
탐문 수사여야 합니다.

'셜록 홈스'를 떠올려 보면 쉽게 이해할 수 있을 겁니다.
살인 현장에 흩어진 수많은 흔적 중에서 범인의 단서를 발견하여
사건 혹은 범인과의 연관성을 분석하고 숨은 패턴을 찾아내는,
그래서 아무도 생각할 수 없었던
살인자와 범행 동기를 발견해 내는 셜록.
그가 우리의 롤 모델입니다.

빅데이터 시대의 분석도 이와 같습니다.
세상 도처에 흩어진 흔적들을 모두 모아서
분석 가능한 데이터로 만듭니다.

그 안에서 단서를 찾아내고 숨은 패턴과 코드를 발견합니다.

하지만 거기에 머무르면 안 됩니다.
셜록처럼 문제 해결에 집중해야 합니다.
현상을 발견하는 데 그치지 않고
새로운 관점으로 문제를 바라보며
근본적인 원인의 해결책과 연결해야 합니다.
데이터 시대의 분석가가 문제 해결사로 거듭나야 하는 이유입니다.

누군가에게는 아무 의미 없는 흔적에 불과하지만,
분석가에게는 이 흔적이 진짜 문제를 해결하는
의미 있는 데이터가 됩니다.

수사,
이것이 데이터 시대에 맞는
최적의 데이터 분석과 솔루션입니다.

Data to Insight

3강   Data to Insight

인사이트에서 시작하는
데이터 애널리틱스

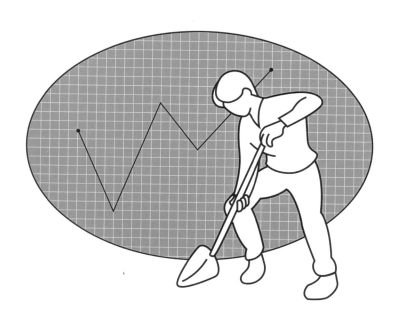

데이터 분석가의 하루
Perception vs Reality

세간에는 '데이터 과학자^{Data Scientist}'가
세상에서 가장 섹시한 직업이라 말하는 사람도 있습니다.
국내외 유수의 기업들은 데이터 중심 기업이 아니더라도
데이터 과학자들을 채용해
데이터에 기반한 의사 결정을 하려고 하죠.

그런데, '데이터 과학자'하면 어떤 이미지가 떠오르시나요?
데이터 과학자의 하루는 어떤 그림일까요?
아마도 SF 영화의 전형적인 장면을 상상하실 겁니다.
근사한 워룸^{War room}에서 대시보드로 세상을 한눈에 내려다보며
양손으로 세상 모든 데이터를 조정하는,
그런 그림을 떠올리실 겁니다.

"눈이 보는 것은
그저 마음이 이해하려고
준비해 놓은 것이다."

앙리 베르그송
Henri Bergson

하지만 현실의 그림은 그와 정반대입니다.
실제로는 공사 현장에서 삽 하나로
땅을 파내려 가는 모습하고 비슷할지 모르겠습니다.
데이터 과학자의 현실은
'어디부터 파야 하는지, 어디까지 파야 하는지'
도무지 모르는 삽질의 연속입니다.
설계도에는 멋있는 건축물이 그려져 있는지 모르지만,
현실에서는 설계도를 뒤로하고
삽 하나로 땅을 파는 그런 일에 가깝습니다.

특히 요즘에는 더욱 그렇습니다.
빅데이터의 특징이 문제를 더 어렵게 만들었습니다.
데이터양이 폭발적으로 증가한 것도 문제지만,
틀이 없는 비정형 데이터를 다루어야 하는 것이
더 큰 문제입니다.

숫자나 지표로 딱 떨어지는 리서치 데이터와 CRM 데이터는
데이터양이 아무리 많아도 틀이 정해져 있기 때문에
분석도 쉽고 결과를 보여주기도 어렵지 않습니다.

하지만 우리가 일반적으로 빅데이터라고 부르는
SNS 글이나 영상, 이미지, 댓글, 소비자 불만 사항 등의
정제되지 않은 비정형 데이터를 분석하는 일은
거의 망망대해에서 낚시질하는 것과 같습니다.

진짜 삽질의 연속이죠.

그러다 문득 이런 생각이 듭니다.
"나는 왜 이 삽질을 하고 있는 걸까?"

문서 파일 　 웹사이트 로그 데이터 　 셀룰러 데이터 　 이미지 데이터

동영상 데이터 　 오디오 파일 　 이메일 　 소셜 미디어 데이터

· 비정형 데이터 소스 ·

모르긴 몰라도

데이터에서 뭔가 의미 있는 것을 발견해

문제를 해결하고, 신제품과 서비스를 개발하며,

마케팅과 캠페인에 빅 아이디어가 될 인사이트를 찾으려고

이 삽질을 하고 있는 걸 겁니다.

끝도 없이 펼쳐진 드넓은 사막에서

보석의 원석을 찾는 것과 같다는 느낌이 듭니다.

그러면서 우리가 하는 일은

아무 생각 없이, 그냥 데이터만 주야장천 들여다보는 것입니다.

비정형 데이터는 어떤 규칙도, 어떤 기준도 없습니다.

어떻게 하면 의미 있는 것을 발견할 수 있을지,

고민과 삽질의 연속입니다.

데이터 분석가들은 아마 다 공감하실 거예요.

이런 어려운 작업에도

그냥 열심히… 분석하는 겁니다.

"데이터만 보면
언젠가는 인사이트가 생기겠지…"

하고 막연히 말이죠.

우리 스스로도 데이터에 대한 환상이 있는 거죠.
"보다 보면 뭔가 좋은 게 나올 거야…"라고.

하지만 이렇게 인사이트가 생길 리 만무합니다.
이런 방식으로 좋은 인사이트가 나왔으면
아마 벌써 세상이 바뀌어도 한참 바뀌었을 겁니다.

"그래도 나는 아닐 거야!" 생각할지 모르지만,
이런 식으로 데이터만 무식하게 파면
아무것도 나오지 않습니다.

장담하건대, 그렇게는… 안 생깁니다.

그런데도 우리는 늘 하던 대로
삽질만 하고 있는 거 아닐까요?

갑자기 아인슈타인이 한 말이 생각났습니다.

**"다르기를 바라면서 항상
같은 일을 반복하는 것은
미친 짓이다."**

저도 데이터 분석 현업을 하다 보니,

항상 이 같은 딜레마를 겪습니다.

세상은 아무도 예상할 수 없을 만큼 빛의 속도로 빠르게 변하는데,

내가 일하는 방식은 바뀌지 않습니다.

기존에 해왔던 대로 그냥 하는 것이죠.

예전의 성공 방식을 그대로 따라 하는 것입니다.

'예전에 팠을 때 나왔으니 이번에도 나올 거야' 라고…

관성 때문입니다.

자, 이제
탈출할 시간입니다.

우리의 경쟁력은 남들과, 경쟁사와, 다른 업계와,
눈에 보이는 격차를 만드는 것입니다.
그 격차를 만든다는 것은
같은 일을 다른 방식으로 하는 것입니다.

그래서 생각해 보기로 했습니다.

"데이터에서 인사이트로 가는Data to Insight
좀 더 스마트한 방법이 없을까?"

삽질 말고, 인사이트로 가는

조금 다르지만 현명한 방법을 찾기 위해

고민하고 또 고민했습니다.

인사이트로 가는 일반적인 길은

수많은 종류의 다양한 데이터를 분석해서

의미 있는 것을 발견하고

문제를 해결할 수 있는 인사이트를 얻는 과정일 겁니다.

이 과정이 앞에서 말씀드린 데이터를 분석하는
매일매일의 일상이죠.

하지만 데이터 분석의 지향점은 그냥 찾는 것도 아니고
찾은 결과를 멋있게 보여주는 것, 그 이상입니다.

처음에는 뭔가 대단한 것이 나올 것 같지만,
결국에는 아무 성과 없이 삽질만 하게 됩니다.
찾아 헤맨다고 찾아지는 것이 아니라는 것이죠.

막연합니다. 답답합니다.
뭔가 새로운 방법이 필요합니다.

『잃어버린 시간을 찾아서』의 작가 마르셀 프루스트Marcel Proust는
신대륙 발견을 두고 아래와 같은 말을 남겼습니다.

"진정한 탐험이란 신대륙을 찾는 것이 아니라
새로운 시각으로 세상을 보는 것이다."

The real voyage of discovery consists not in seeking new landscapes,
but in having new eyes.

저는 이 명언을 보고 다음과 같은 말을 떠올렸습니다.

"데이터를 깔고 세상을 보라"

지금의 우리는 데이터에만 너무 매몰되어
데이터 자체를 분석하는 일에만
목매달고 있는 것이 아닌가 생각해 봅니다.
출발 지점이 잘못된 겁니다.

원점에서 다시 고민해야겠습니다.

그렇다면, 거꾸로 볼 수도 있지 않을까요?

세상을 보는 새로운 시각, 인사이트에서 시작하는 것이죠.

결국, 분석의 결과물은 세상에 대한 통찰을 향하고 있어야 합니다.

마냥 데이터만 들여다볼 것이 아니라

우리가 목표로 향하는 것에 대한 명확한 시각이 필요합니다.

Insight About Insight
데이터를 볼 수 있는
통찰에 대한 관점

우선 '인사이트'에 대한 정의부터 한번 살펴볼까요?
사전은 '인사이트'를 아래와 같이 정의하고 있습니다.

인사이트

예리한 관찰력으로 사물을 꿰뚫어 보는 것,

문제의 본질을 새롭게 이해하는 능력,

이제까지 연관이 없던 사물 혹은 사실을 연결하여

새로운 맥락과 관점으로 제시하는 것,

주위의 상황을 새로운 관점에서 종합적으로 재구성하는 것.

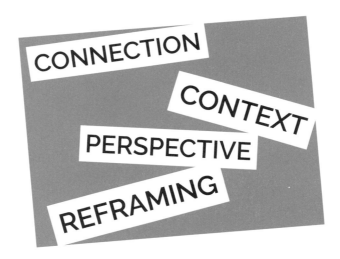

여기서

연결, 맥락, 관점, 재구성

이라는 키워드가 눈에 들어옵니다.

이 키워드를 중심으로 인사이트를 다시 살펴보면,
'기존에 생각하지 못했던 것들을 **새롭게 연결**Connection하고
다른 맥락 Context에서 해석해, 새로운 **틀**Frame을 제시하는 것'
으로 재해석할 수 있습니다.

좀 더 구체적으로는,

문제 해결을 위해 사물과 행동 사이의 새로운 관계와 연관성을 새롭게 발견하는 것입니다.

여기서 가장 중요한 것이
문제를 재구조화 Reframe the problem하는 것입니다.
그래야 새로운 시각에서 바라볼 수 있고,
기존에 볼 수 없었던 현상의 숨겨진 본질을 알아낼 수 있습니다.

이를 데이터 분석의 관점에서 보면,
발견한 데이터의
점들을 잇는 것Connecting the Dots입니다.

문제를 새롭게 구조화하고 정의하면,
이제까지 연관 관계가 없던 데이터가
다른 데이터와 새롭게 연결되어
하나의 전체적인 맥락으로 파악됩니다.
데이터로 새로운 콘텍스트를 탐험할 수 있게 되는 것이죠.

더 자세히 들어가 볼까요?

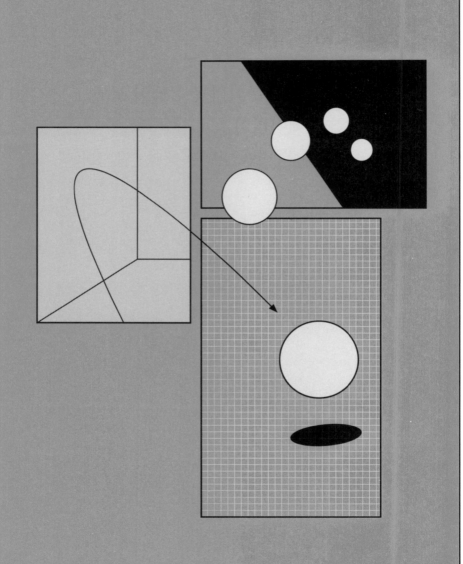

Data-Driven
데이터에 근거한다는
것에 관하여

요즘 들어 데이터 드리븐^{Data-Driven}이라는 말을 많이 듣습니다.

귀에 딱지가 날 정도입니다.

모든 사안을 데이터에 근거해

결정하고, 판단하고, 선택하려고 합니다.

데이터의 중요성이 날로 커져가고 있다는 의미일 겁니다.

특히 광고와 마케팅, 브랜드 분야에서는

이것이 기본으로 자리 잡았습니다.

그런데, 흔히 말하는

'데이터에 근거한다'는 것의 의미는 무엇일까요?

빅데이터. 모든 기업이 마다하지 않습니다.
이전에 경험하지 못한 새로운 인사이트를 얻고
비즈니스 기회를 확보할 수 있다고 어렴풋이 생각하기 때문이죠.

문제는 대부분의 기업들이 데이터를 가지고 무엇을 해야 할지
그 목표에 대해 깊게 고민하지 않는다는 것입니다.
구체적으로는 '어떤 데이터가 비즈니스의 성장을 결정하는지'
깊은 고민을 하지 않는다는 데 있습니다.

분석은 우리가 생각한 길대로 나오게 되어 있고
측정 지표는 거기에 한정될 수밖에 없으며
성과는 그 기준대로 관리됩니다.
하지만 우리는
비즈니스에 대한 성과가 그냥 측정되고 관리되기를 바랍니다.
그리고 점점 자연스럽게 숫자와 데이터에 매몰되고 맙니다.

데이터에 근거한다는 말은

데이터를 중심으로 선택하고 판단하여 의사 결정한다는 것이지,

모든 것을 데이터에 의존한다는 뜻이 아닐 겁니다.

비즈니스 의사 결정이 올바르게 되고 있는지

데이터로 검증하려는 것일 겁니다.

하지만 이게 말이 쉽지,

데이터처럼 명백한 수치와 결과를 들이대면

그것의 설득력은 배가되고,

이것이 굳어지면 우리는 데이터에 매몰돼서 끌려다니게 됩니다.

이렇게 데이터에 의존하는 의사 결정이 우리를 지배하게 되고

시나브로 데이터 없이는 모든 것이 마비됩니다.

배리 슈워츠Barry Schwartz는

이 지점에서 실천적 지혜Practical Wisdom를 역설했습니다.

재즈 뮤지션에게는 악보와 곡이 있습니다.

하지만 거기에 얽매이지 않습니다.

악보가 있지만 그것을 넘나들면서

즉흥적으로 연주하는 재즈 뮤지션이

관객과 상황에 알맞은 최적의 조화를 만들어낼 수 있습니다.

특정 상황에서 가장 좋은 선택은

결국 인간적인 판단에 근거해야 한다는 것이죠.

데이터에 근거해야 하는 것은 맞지만

결국 판단은 사람이 해야 합니다.

데이터에 근거하더라도 그 데이터를 가지고

자유롭게 사고할 수 있어야 합니다.

우리는 '데이터 위에서'가 아니라
'데이터 사고 위에서' 판단해야 합니다.

때문에 데이터에 근거한 의사 결정은

데이터 그 자체가 아니라 실제 세상을 반영해야 합니다.

그런데 세상은 모호해서 완벽하게 정의 내릴 수 없습니다.

환경과 맥락은 상황마다 바뀝니다.

어떤 상황에 꼭 맞는 데이터와 해석도

특정 맥락에서는 틀릴 수 있습니다.

아무리 좋은 절대 지표가 있다 하더라도

아무 생각 없이 데이터에 근거해서 측정하고 관리한다면

쓸모없어지기 마련입니다.

우리는 데이터 그 자체가 아니라

진짜 사람들이 숨 쉬는 삶의 콘텍스트를 넘나들며

분석하고 전략화해야 합니다.

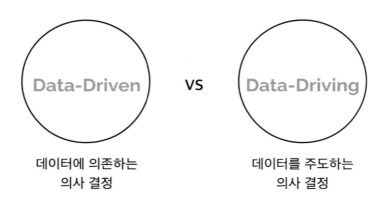

데이터 시대에 우리는 데이터를 주도해야 합니다.
데이터를 가지고 놀아야 합니다.

숫자에 목소리를 부여해야 하고,
데이터 그 자체가 아닌 우리의 해석을 통해서
그 의미를 규정해야 합니다.

"데이터는 스스로 말하지 않는다."

데이터는 스스로 말하지 않습니다.
의사 결정을 주도하는 것은 우리이며,
데이터로 뒷받침해서 데이터가 말할 수 있도록 해야 합니다.
데이터가 그 자체로 항상 확실한 답을 주는 것은 아닙니다.

데이터는 객관적이지 않습니다.
데이터가 객관적이라는 것은 허구와 환상에 불과합니다.
데이터 분석은 말 그대로 주관이 내포되어 있습니다.
이 과정에서 데이터는 개인의 주관이 반영되어
필요 없는 것은 걸러지기 마련입니다.

데이터가 아무리 AI, 머신러닝, 딥러닝으로 발전해서
결과를 토해 내더라도 그 알고리즘을 개발하고 원하는 결과에 대한
목적과 관점을 정하는 것은 우리가 해야 합니다.

데이터라는 자동차의 운전대^{Data Driving}는

우리가 잡아야 하는 것이죠.

Point of View:
데이터를 보는
관점이 먼저

문제는 '어떻게^{How to}'일 겁니다.

데이터의 운전대를 잡기 위해서

우리에게 필요한 것은 무엇일까요?

우리는 무턱대고 분석부터 합니다.

'데이터'부터 보는 것이죠.

하지만 데이터보다 '관점'이 먼저입니다.

생각과 판단이 먼저 이루어져야 합니다.

똑같은 데이터라 하더라도 관점에 따라 결과가 다르게 보입니다.

이 관점으로 가설을 수립하고 검증해보는 것이 데이터입니다.

단적으로, **데이터 분석은 가설 검증 과정**Hypothesis Testing**입니다.**

데이터를 들여다보는 것도 중요하지만,

그보다는 가설이 중요합니다.

가설이 수립되면 데이터는 가설을 검증하는 재료일 뿐입니다.

새로운 가설을 세우고 그 가설을 검증하는 것이

바로 데이터 분석인 것이죠.

여기서 데이터는 거들 뿐입니다.

가설이라고 하면 어렵게 생각하실 텐데요.

이는 그렇게 특별한 것이 아닙니다.

우리가 프로젝트에 참여할 때

늘 이야기하는 것들을 생각해보면 쉽게 알 수 있습니다.

프로젝트 이슈, 핵심 질문, 해결 과제 등등…

이것들에 대한 우리만의 생각이 바로 가설입니다.

그 생각을 데이터로 검증해보는 것이죠.

그런데 여기서 중요한 것이

이에 대해 우리가 가진 '생각의 폭과 깊이'입니다.

가설에 대한 생각의 폭과 깊이에 따라 분석의 결과물이 달라집니다.

데이터 분석을 통해 얻어진 결과의 질은

분석 이전에 수립한 가설의 수준에 따라 결정됩니다.

사례를 하나 들어보죠.

프랑스가 베트남을 식민 통치하던 시절,
프랑스에서는 도처에 출몰하는 쥐 때문에 골머리를 앓았습니다.
어떤 해결책을 내놓았을까요?

"쥐를 잡아서 꼬리를 가져오면 그 숫자대로 포상금을 주겠다."
라고 선포했습니다.
그리고 정부 청사 앞에 산더미처럼 쌓인 쥐 꼬리를 모아서
해결책의 성과를 보여줬습니다.

이렇게 문제가 해결됐을까요?

아닙니다.
오히려 감당할 수 없을 정도로 쥐가 더 많아졌습니다.

쥐를 잡아오면 돈을 준다는 소식에
주민들이 쥐를 사육하기 시작한 것이죠.
쥐의 꼬리만 가져가면 돈을 준다고 하니
역효과가 난 것입니다.

문제를 그냥 일차원적으로 풀면 이렇게 됩니다.

다시 한번 되짚어 볼까요?
쥐가 많이 생겨난 원인을 찾아야 합니다.
이를 위해서는 제대로 된 문제 규정이 필요합니다.

"쥐가 왜 많이 생기는 거지?
진짜 문제는 뭐지?
어디에서 생겨나는 걸까?"

이같이 파고드는 질문을 계속해야 합니다.

그래야 쥐가 출몰한 진짜 원인에 대한

가설을 만들 수 있습니다.

드러난 현상은 쥐가 출몰한 것이지만

그 문제의 원인은 다른 곳에서 찾아야 합니다.

예를 들어, 하나의 가설로

'하수구의 오물 때문이다'라고 생각할 수 있습니다.

그렇다면 데이터 분석으로 하수구의 오염 여부를 확인하고,

쥐 출몰과의 연관성을 파악하면 됩니다.

이 가설이 맞다면, 하수구 시설을 개선하는 것이지요.

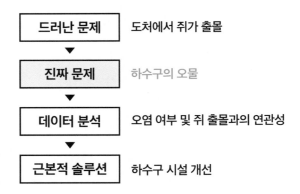

· 진짜 문제 해결의 과정 ·

드러난 문제	도처에서 쥐가 출몰
진짜 문제	하수구의 오물
데이터 분석	오염 여부 및 쥐 출몰과의 연관성
근본적 솔루션	하수구 시설 개선

미봉책으로 쥐를 잡아서 박멸하는 것은
현상을 그냥 그대로 본 것이고,

하수구 시설을 개선한 것은
가설을 수립하고 데이터에 근거해 근본적 해결책을 제시한
진짜 문제 해결 과정인 것이죠.

데이터 분석이 먼저가 아닙니다.

관점이 먼저입니다.

관점을 가지고 자기만의 가설을 수립해야 합니다.

데이터는 그것을 검증하는 도구일 뿐입니다.

이것이 데이터를 주도하면서 데이터 운전대를 잡는 방법입니다.

또 한 가지 예를 들어볼까요?

이 사례는 빅데이터 분석을 이야기할 때

많이 언급되는 고전적인 사례인데요.

무려 1985년에 있었던 '런던 콜레라 창궐 이야기'입니다.

당시 사람들은 콜레라가 전염되고 전파되는 원인을

나쁜 공기나 악취 때문이라고 생각하고 있었습니다.

그때 혜성같이 존 스노우John Snow가 등장합니다.

다음에 나오는 그림이 그 문제 해결의 실마리입니다.
콜레라 발병 위치의 패턴을 보니,
급수 펌프가 있는 지점과 일치했던 것이죠.
존 스노우는 당시 만연했던 '공기로 전염된다'는 생각에
의문을 품었습니다.
사람들의 편견과는 달리
오염된 물로 전파된다는 생각을 가지고
발병 위치를 분석했던 것입니다.

이를 통해 진짜 문제의 원인을 증명하고
급수 펌프를 폐쇄함으로써
콜레라 점염 경로를 차단하는
근본적 솔루션을 제시했습니다.

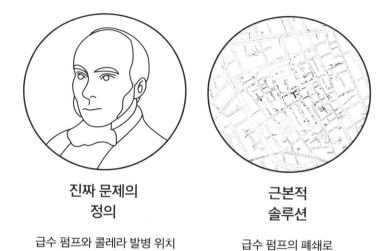

**진짜 문제의
정의**

급수 펌프와 콜레라 발병 위치
진짜 문제의 원인을 증명

**근본적
솔루션**

급수 펌프의 폐쇄로
콜레라 전염 경로 차단

그런데 존 스노우가 단지
이 그림만 보고 문제를 해결했을까요?

당연히 아닐 겁니다.

분석된 그림이 먼저일까요,
오염된 물로 전파됐다는 가설이 먼저일까요?

존 스노우는 자신의 가설을 가지고 밤낮으로 고민했을 겁니다.
그리고 찾아낸 겁니다.
마침내 분석해 낸 겁니다.
문제의 진짜 원인을 규명해낸 것이죠.

'급수 펌프=콜레라 발병 위치'라는
사실을…

아인슈타인은 문제 해결을 두고 다음과 같이 얘기합니다.

"문제를 해결하는 1시간이 있고 그 해결책에 내 인생이 걸려 있다면
나는 가장 적합한 질문을 찾는 데 55분을 쓸 것이다.
일단 적절한 질문을 알아낸다면
문제 해결에는 5분도 걸리지 않는다."

해결해야 하는 당면 과제를 그대로 우리의 문제로 규정하고
무턱대고 데이터 분석을 하면, 진짜 문제를 해결할 수 없습니다.
문제가 바뀌지 않으면, 누구나 생각하는 뻔한 답을 찾게 됩니다.
그냥 표피적인 현상을 건드리는 미봉책을 제시할 수밖에 없습니다.

하지만, 문제를 해결하는 사람은
주어진 데이터에 전전긍긍하지 않습니다.
데이터부터 분석하지 않습니다.
진짜 문제를 찾습니다.

분석 이전에 문제를 재정의 Problem Redefinition 하는 것,
우리가 데이터를 분석할 때 가장 중요한 포인트입니다.

우리가 해결해야 할 진짜 문제로
가설을 재설정하는 것이죠.
데이터 분석은 거들 뿐입니다.

그래야만 데이터에 끌려가는 것에서 벗어나
데이터를 주도할 수 있습니다.

Data Storytelling

4강　Data Storytelling

데이터를 스토리로
전환시키는 방법

타고난 스토리텔러

우리는 모두 이야기꾼입니다.

누구나 스토리 속에서 살아갑니다.

역사 이래 줄곧 스토리와 함께 해왔다고 할 수 있습니다.

스토리는 우리가 생각하고 이야기하는 방식을 결정합니다.

스토리보다 사람들을 강력하게 연결해 주는 것은 없습니다.

단적으로, 우리는 스토리텔링 없이 살 수 없습니다.

스토리는 우리가 말하는 의식적인 행동을 넘어서서,

우리 뇌가 작동하는 방식입니다.

스토리는 그냥 우리 그 자체라 할 수 있습니다.

우리 안에는 타고난 스토리텔링 본능이 있는 것이죠.

"우리는 스토리텔링
애니멀 Storytelling Animal 이다."

조너선 갓셜
Jonathan Gottschall

데이터 스토리?

데이터 세상에서
스토리의 역할은 무엇일까?

이처럼, 스토리텔링은 새로운 것이 아닙니다.
하지만, 데이터에 스토리를 적용하는 것은 새로운 개념일 거예요.

데이터는 차갑습니다. 이성적입니다. 객관적입니다.
스토리는 따뜻합니다. 감성적입니다. 주관적입니다.

스토리는 허구이며, 미사여구로 가득 차 있습니다.
그러나 데이터는 현실이며,
건조하고 명확하게 표현해야 한다고 생각합니다.

데이터와 스토리 사이에는 큰 강이 흐르고 있습니다.

그래서
거대한 서사를 담고 있는 장편 소설이나 감동적인 드라마,
경외감이 들 정도로 멋있는 그림,
눈물이 날 정도로 감성적인 곡,
이러한 예술 작품에만 스토리가 적용될 거라고 지레 짐작합니다.

데이터와 견주어 볼 때,
스토리는 어마어마한 장점을 가지고 있습니다.

· 데이터 vs 스토리 ·

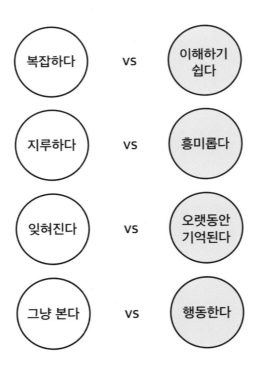

데이터는 복잡합니다.

그러나 스토리는 복잡한 내용을 이야기로 풀어내서
쉽게 이해하도록 구성할 수 있습니다.
우리의 뇌가 패턴을 쉽게 인식할 수 있도록
논리정연한 형식으로 정보를 재구조화하는 것이죠.

데이터는 지루합니다.

하지만 스토리는 데이터를 흥미롭게 바꿀 수 있습니다.
영화감독 알프레드 히치콕Alfred Hitchcock은 좋은 스토리란
"삶에서 지루한 부분을 덜어낸 것"이라고 단언했습니다.
스토리를 통해 복잡한 것은 덜어내고,
어려운 것은 쉽고 재미있게 전달할 수 있습니다.
데이터에서는 겉으로 보이지 않았던 인사이트를 드러내
한층 더 높은 의미와 재미를 부여할 수 있는 것이죠.

데이터는 바로 잊혀집니다.

그렇지만 스토리는 강한 인상을 남깁니다.
스토리를 통해 연결된 감정과 강력한 인상은
장기 기억으로 전환됩니다.

데이터는 사람들의 행동 변화를
만들어 내지 못합니다.

반면, 스토리는 사람들을 움직입니다.
우리는 스토리를 통해 화자의 관점을 이해하고,
공감하며, 동의합니다.
그리고 이는 지속적인 행동 변화를 이끌어 냅니다.

특히나 데이터가 물과 공기처럼 상존하는 지금 같은 세상에서는
헤아릴 수 없이 많은 데이터 속에서
의미 없는 데이터와 가치 있는 정보를 분별해 내는 것이
점점 더 어려워지고 있습니다.

스토리텔링이
무한한 데이터 속에 숨겨진 진짜 가치 있는 의미를 발견하고
브랜드와 마케팅에 중요한 의사 결정을 지원하는 역할로
더할 나위 없이 중요해진 것이죠.

그렇다면, 데이터의 이 같은 문제를 해결하고
스토리텔링의 장점을 활용할 수 있는 방법은 없을까요?

데이터텔링

데이터에서 중요한 부분을 추려 내고
이를 해석해 의미를 전달하는 것,

숫자에 머무르는 것이 아니라
한층 더 깊이 이해할 수 있는 능력,

데이터에서 가치를 추출해 내고
시각화해서 커뮤니케이션하는 모든 과정,

이것이 바로 데이터 스토리텔링, 데이터텔링Data-Telling입니다.

"데이터가 모든 것을 말해준다."

빅데이터 시대에 흔히 듣는 이야기입니다.
하지만 진실은 그렇지 않습니다.

데이터는 스스로 말하지 않습니다.
누군가 데이터로 하여금 이야기하게 해야 합니다.
우리가 데이터에 목소리를 부여해야만
데이터가 말하는 것이 가능합니다.
데이터에 스토리가 필요한 이유입니다.

일반적인 데이터 분석 결과물을 살펴보면
의미 있는 인사이트 없이 결과만을 제시하는 경우가
너무도 많습니다.
결과물에 데이터와 정보량이 흘러넘칩니다.
이것은 상대방에게 데이터 분석을 강요하는 것과 마찬가지입니다.
듣는 사람도 즉석에서 데이터를 분석해야 하는 것이죠.

많은 시간과 노력이 드는 데이터 분석은 분석가가 하면 됩니다.
그리고 그 의미와 결론을 직관적으로 알아보기 쉽게
구성해야 합니다. 클라이언트는 분석하러 온 게 아니라
인사이트와 해결책을 들으러 온 것이기 때문입니다.

데이터 스토리텔링은 데이터에 근거해야 하지만,
역설적이게도 데이터에 매달리지 않아야 합니다.
데이터의 결과를 영향력 있는 스토리로 전환시켜
비즈니스에 실질적인 도움이 될 수 있도록 해야 합니다.

우리의 일은 숫자와 팩트, 그 자체를 보여주는 것이 아닙니다.
어려운 데이터를 쉽고 흥미진진하게 전달하는 것입니다.
데이터에서 인사이트로 전환해야,
청중의 공감과 연결 포인트를 얻을 수 있습니다.
데이터와 인사이트, 그 중간 지점에 바로 '스토리'가 있는 것이죠.

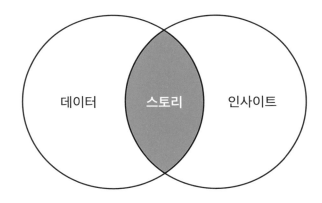

하지만 매력적인 스토리를 짜는 것은 어려울 뿐만 아니라,

생각보다 품이 많이 드는 일입니다.

때문에 대부분의 분석가들은 스토리에

시간과 노력을 쏟지 않습니다.

본연의 일인 데이터와 분석에 집중합니다.

데이터 분석이 항상 매력적인 스토리일 필요는 없기 때문입니다.

그 실상을 들춰 보면,

데이터 분석에 스토리는 적합하지 않다는

인식을 가지고 있기 때문입니다.

데이터 분석만 잘하면 된다고 생각하는 고정 관념이 있는 것이죠.

그러나 이것은 반만 아는 것입니다.

데이터를 모으고 저장하고 분석하는 것에 집중하다 보니,

정작 데이터를 핵심 의사 결정과 연결하는 더욱 중요한 일에는

소홀히 하는 것입니다. 초기에는 데이터 분석이

데이터를 이해하고 설명하는 것에 집중되었지만

이제는 분석하는 것을 넘어 보다 명확하게,

그리고 설득적으로 커뮤니케이션하는 일이 중요해졌습니다.

그래서 데이터텔링,

데이터를 커뮤니케이션한다는 것에 대한

인식의 변화가 필요합니다.

분석 결과도 물론 중요하지만,
그것을 기반으로 어떻게 메시지를 전달하고
효과적으로 커뮤니케이션하는지가 더 중대합니다.
분석에 머무르는 것이 아니라
그것을 내러티브로 구성하고 스토리로 전달해야 하는 것입니다.

단순히 데이터에서 의미를 찾아내는 것에서
더 나아가 이것을 영감 넘치는 스토리로 전달하는
데이터의 진화가 필요합니다.

지금 필요한 것은 데이터 분석이 아니라
스토리텔링이라는 창조적 도약입니다.

스토리텔링의 에센스

Story bring data to Life
데이터를 스토리로 전환시키는 방법

데이터는 숫자의 언어이지만, 스토리는 사람들의 언어입니다.
우리의 일은 데이터를 분석하는 것에 멈추지 않고
내러티브 구조를 가진 강력한 스토리로 전환하는 것입니다.
데이터가 스토리를 통해 사람들과 대화하고
그들의 삶과 연결되는 것이죠.

그렇다면,
'데이터와 스토리, 어떻게 이 둘을 연결시킬 것인가'가 문제입니다.

데이터 그 자체는 아무런 의미를 가지지 않습니다.
독립된 데이터는 그 자체로 정보를 만들어 내지 못합니다.

어떠한 강력한 데이터도 독립적으로는
결론을 만들어낼 수 없습니다.

결국, 다른 데이터와 연결될 때 의미가 만들어집니다.
데이터가 사건과 연결되고 이것이 최종 결론과 맞닿아 있을 때,
진짜 의미가 되고 내러티브가 형성됩니다.
데이터는 이제야 비로소 스토리로 전환될 수 있습니다.

**이처럼 데이터 스토리텔링의 정수는
데이터의 점들을 잇는 것**Connecting the Dots**입니다.**

이제까지 연관 관계가 없었던 데이터가
새롭게 다른 데이터와 연결되어 의미 부여되는 것,
그것이 데이터 스토리텔링의 시작입니다.

데이터를 스토리 구조로 바꾸려면 이 각각의 데이터 점들과 함께
아래의 스토리 구성 요소를 갖추어야 합니다.

그 구성 요소는 크게 3가지로 구분할 수 있습니다.
첫 번째 핵심 구성 요소는 무엇보다도 스토리의 근간이 되는
데이터 스토리의 목적입니다.
두 번째 구성 요소는 스토리에서 가장 중요한 내러티브를
이끌어가는 캐릭터와 사건입니다.
세 번째는 스토리를 매력적이고 흥미진진하게 해줄
아하! 포인트Aha! Point입니다.

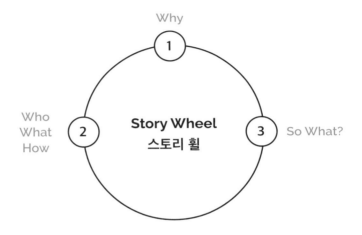

① Why

　목적: 데이터 분석의 목적과 목표는 무엇인가?

② Who & What & How

　캐릭터: 스토리를 이끌어가는 주인공과 사건은 무엇인가?

③ So What?

　아하! 포인트: 스토리를 매력적이고 흥미진진하게
　만들 아이디어는 무엇인가?

#1. 데이터 스토리의 목적

스토리로 청중의 주의를 집중시키는 가장 간단한 방법은
'그들이 원하는 것을 주는 것'입니다.
데이터 스토리와 청중의 니즈를 연결하면
그들의 관심과 흥미를 이끌어 낼 수 있습니다.
하지만 데이터 스토리텔링은 그냥 쇼 비즈니스가 아니기 때문에
평범한 일상 이야기와는 다릅니다.

데이터 스토리는 비즈니스 목적을 달성하기 위해 만들어집니다.
그냥 떠드는 재미있는 이야기가 아니라
목적을 달성하는 비즈니스 그 자체이기 때문입니다.
보여주는 것에만 치중해서는 비즈니스 목표를 달성할 수 없습니다.
스토리 속에 '비즈니스의 목적'이 들어있어야 합니다.

그렇기 때문에 데이터 스토리의 목적은

프로젝트 첫 시작부터 고민해야 할 부분입니다.

스토리 요소 중 가장 중요한 핵심이 곧 목적이고,

이 목적에 따라 다른 구성 요소들이 결정되기 때문입니다.

목적이 명확하지 않다면 최종 결론은 길을 잃겠죠.

그런데 대부분의 사람들은 데이터 분석 프로젝트에 들어가면

그냥 관성적으로 엑셀이나 솔루션을 열고 바로 분석에 들어갑니다.

그리고 시행착오를 겪습니다.

필요 없는 데이터를 분석하고 시간을 허비하게 됩니다.

'데이터를 왜 분석해야 하는지'에 대한 목적과
'무엇을 전달해야 할지'에 대한 메시지는 생각하지 않고,
그냥 분석해야 하니까 데이터를 먼저 보는 것이죠.

데이터 스토리를 매력적으로 전달하는 유일한 방법은
분석 전에 목적과 메시지를 명확히 하는 것 밖에 없습니다.

그렇기 때문에 데이터 스토리의 시작이 중요합니다.
시작 단계에서 청중의 관심을 집중시키려면
목적을 향해가는 최종 결론과 연결시키는 단서를 던져야 합니다.
그래야 상대가 호기심을 갖고 몰입을 이어갈 수 있습니다.

대부분의 데이터 스토리는 시간의 흐름에 따라
예측 가능한 형태로 전개됩니다.
평범합니다. 재미없습니다.
오히려 발단부터 가장 중요한 이야기를 시작하는 것이 좋습니다.
이것이 스토리를 훨씬 더 흡입력 있게 전개할 수 있는

하나의 방법입니다.

그래야 구체적인 데이터 분석과 결론을

끝까지 관심 있게 지켜봅니다.

시작부터 클라이언트의 문제를 이해하고

솔루션을 제공할 수 있다는 확신을 줘야 합니다.

#2. 캐릭터와 사건

누가 주인공이지?

왜 중요하지?

어떻게 중요해졌지?

흥행한 영화나 베스트셀러 소설을 생각해 보세요.

어느 것이 가장 먼저 기억나시나요?

아마 가장 먼저 떠오르는 것은

주인공, 인물, 캐릭터일 것입니다.

데이터 스토리도 "누구의 스토리인가?"가 중심입니다.
우리는 데이터 스토리의 주인공이
당연히 분석가나 발표자라고 생각하지만,
아닙니다.

스토리의 주인공은 클라이언트와 브랜드여야 합니다.
그래야 브랜드가 원하는 화려한 성과가
브랜드를 중심으로 달성될 수 있습니다.
분석가는 최종 결론에 이를 수 있도록 하는
가이드 역할을 할 뿐입니다.

스타워즈 캐릭터를 예로 들면,
클라이언트는 주인공 '루크 스카이워커Luke Skywalker'이고,
분석가는 '요다Yoda'인 셈입니다.

클라이언트 분석가

쉽게 말해, 스토리는
주인공과 캐릭터들 사이에 일어난
흥미진진한 사건의 전개입니다.

연속된 사건들을 통해 스토리가 연결되고 진화하는 것이죠.
스토리는 사건의 발생으로 시작되고,
다양한 사건들의 연결로 극화됩니다.

연계된 사건들이 만나,
큰 그림Big Picture이 되고 거대한 서사가 만들어질 수 있습니다.

하지만 여기서 끝이 아닙니다.
매력적인 스토리는 다채로운 캐릭터와 수많은 사건으로
구성되어 있지만, 관심을 집중하는 핵심 사건으로 모아집니다.

데이터 스토리는 핵심 사건을
주인공(클라이언트)의 문제와 연결해야 합니다.
클라이언트가 데이터 스토리에 관심을 갖는 이유는
해결하고 싶은 문제가 있기 때문입니다.
결국, 주인공이 직면한 사건을 해결하는 것이
데이터텔링의 핵심입니다.

#3. 아하! 포인트

데이터 스토리는 보물찾기와 같습니다.
스토리 상의 모든 데이터는 보물과 가까워지는
다양한 힌트를 제공해야 합니다.
보물찾기처럼 스토리를 통해 청중에게 결정적 단서를 주고
강한 인상을 남겨야 하는 것이죠.

데이터와 분석을 캐릭터와 사건으로 전환시키고
보물을 찾는 결정적 증거와 같은 아하! 포인트를
발견할 수 있도록 치밀하게 구성해야 합니다.

미국 드라마나 영국 드라마의 최종 에피소드에서
예상치 못했던 이야기를 던지며
다음 시즌을 기다리게 만드는 것을 종종 볼 수 있습니다.
스토리가 어떻게 이어질지 호기심을 자극하는 것이지요.

시청자는 예상치 못했던 복선을 통해서 더욱 몰입하게 되고
다음이 어떻게 될지 기대하면서 지켜보게 됩니다.

데이터 스토리 역시 초반부터 최종 결론을 기대하게 해야 합니다.
우리가 제시하려는 메시지와 아이디어를 중심으로
각각의 데이터를 재배열하고
종국에는 결론에 도달할 수 있도록 구성해야 합니다.
클라이언트는 효과적인 의사 결정을 위해
핵심 결론을 중심으로 지켜보기 때문입니다.
여기서 기대하지 못한 색다른 정보를 스토리와 함께 제공했을 때
감탄하고 놀라는 반응을 이끌어낼 수 있는데요.
아하! 포인트가 더욱 효과를 발휘하려면
예상치 못했던 스토리 형태로 전개시켜야 합니다
청중은 시간이 지날수록 자세한 것들은 잊어버리지만
"아하!"를 외쳤던 포인트와 전반적 인상만은 남기 때문입니다.

데이터 스토리의
3단계 구조

자, 이제 데이터 스토리의 재료는 다 준비된 것 같습니다.
이 재료를 가지고 맛있는 요리를 완성하기 위해서는
무엇이 필요할까요?
데이터 분석을 바로 스토리로 바꾸는 것은 말처럼 쉽지 않습니다.
데이터 분석을 그냥 있는 그대로 전달하면
쉽게 이해할 수 없습니다.
여러 가지 결과가 복잡하게 얽혀 있으면 더욱 그렇습니다.

생각해보면 '우리가 좋아하는 이야기'는 정해져 있죠.
익숙한 내러티브 구조를 가지고 있어야
쉽게 기억하고 이해할 수 있습니다.

선사 시대부터 수많은 세월을 거쳐서 채득해 온
정보의 논리적인 구성이 바로 이야기입니다.
우리에겐 본능적으로 반응하는 스토리 구조가 있는 것이죠.

이처럼 스토리는 플랫폼과 같습니다.
위대한 스토리는 기본적으로
이러한 기본 형식을 공유하고 있습니다.
데이터 스토리 역시 명확한 스토리 구조를 가져야 합니다.

스토리는 아리스토텔레스가 저술한 시학에서부터
'도입-중간-결말'의 3막 구조를 가진 형식이 정착되었는데요.
데이터 스토리도 이러한 틀에 맞춰서 구조화하면
내러티브 구조로 쉽게 전환할 수 있습니다.

#1. 도입 단계

그 첫 번째, 도입 단계는 설정^{Setup}**입니다.**
이 단계에서는 데이터 분석을 중심으로
클라이언트와 브랜드, 즉 주인공을 소개하고
현재의 상황을 명확히 합니다.

주인공에게 과제가 주어지고,
확인된 문제와 기회가 드러납니다.

도입 단계에서는 핵심 정보를 제공하기에 앞서,
앞으로 펼쳐질 주제의 배경이 되는 콘텍스트를
설정하는 것이 중요합니다.
콘텍스트는 스토리의 인식 방식을 결정하고
앞으로 나올 사건과 행동의 톤을 좌우하기 때문입니다.

콘텍스트를 통해 스토리 주제와 주인공을 소개하는 것은 물론,
적절한 배경 정보를 제공하여 스토리의 세계를 만들 수 있습니다.
이를 통해 청중은 우리의 관점과
동일한 선상에서 이야기를 듣게 됩니다.

#2. 중간 단계

발단이 지나면 스토리 상의 다양한 일이 모여
핵심 사건으로 전개됩니다.
중간 단계는 갈등 Conflict**이 펼쳐지는 단계입니다.**
주인공이 과제를 해결하는 과정에서
대립되는 힘을 만나 긴장과 갈등을 겪습니다.
이러한 전개 과정을 거쳐서 여러 가지 사건을 통해
내러티브의 상승 동력이 만들어집니다.
복잡한 갈등 구조Messy Middle가 스토리의
극적 긴장을 만들어 내고, 우리를 몰입하게 합니다.

이렇게 클라이맥스^{Climax}로 다다르면 극의 고조를 통해
청중의 긴장감과 몰입이 극대화됩니다.
스토리가 최고조에 이르면 결국에는 주인공이 극적으로
문제를 해결하고 어려움을 극복합니다.

이 시점이 바로 스토리의 결정적 순간입니다.
갈등이 고조되고 얽혀 있던 문제가 풀리면서
딜레마가 해결되는 바로 그 시점입니다.

데이터 스토리 역시 이 결정적 순간을
어떻게 설정하는지가 중요합니다.
데이터와 프레젠테이션은 청중에게 잊히기 쉽지만,
스토리와 결정적 순간은 그렇지 않습니다.
고조된 스토리를 통해 청중은 스토리와 하나가 됩니다.

#3. 결말 단계

정보의 깊이가 더해지고 데이터 스토리가 절정으로 다다르면
최종 결말과 연결됩니다.
스토리의 최종 목적은 결국 결론에 도달하는 것이겠죠.
마지막 결말 단계의 중심은 최종 결론으로 제시되는 솔루션입니다.
사건이 전개되고 절정을 지나 결말로 향해 갈 때,
우리는 데이터 인사이트를 드러내야 합니다.
즉, 스토리의 핵심 결론과 청중의 공감 포인트가
하나로 만날 수 있는 공간을 마련해야 하는 것이죠.
공감의 포인트가 없으면 허공에 이야기하는 것과 다름없습니다.

정리하면 데이터 스토리는 데이터를 단순히 분석하는 게 아니라
문제를 제시하고(도입), 진단하고 해결하는 과정을 거쳐(중간),
결국에는 최종 솔루션을 제시하는 것(결말)입니다.

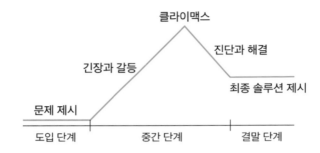

여기서 핵심은

'**갈등과 긴장을 어떻게 만들어 내느냐**'하는 것입니다.

서스펜스 스릴러를 볼 때 처음부터 누가 킬러인지 알게 된다면

긴장감은 사라지고 맙니다.

하지만 반대로 용의자의 단서가 나오면,

호기심을 갖고 그다음 스토리에 몰입하게 됩니다.

데이터 스토리 역시 마찬가지입니다.
도입 단계에서 결말의 단서를 남기면
스토리가 클라이맥스로 갔을 때
청중의 호기심과 긴장감이 고조됩니다.
"궁금해", "더 알고 싶어"라는 반응을 얻으면
일단 반은 성공한 겁니다.
이들은 다음에 나오게 될 스토리에 집중하고 몰입하게 됩니다.

평범한 스토리를
위대하게

여러분들은 살면서 몇 편의 영화와 책을 보셨나요?
인생작이라 말할 수 있을 정도로 기억에 남는 작품은
얼마나 되나요?

스토리는 우리 주변에 너무나도 많습니다.
이제 스토리는 그냥 흔한 것이 되었습니다.

모두가 '스토리… 스토리…' 말하지만
사람들의 관심을 받고 영향력을 발휘하는 스토리는
극소수에 불과합니다.
그 극소수의 스토리는 우리의 마음을 사로잡고
영원히 기억에 남습니다.
그렇다면, 좋은 스토리와 위대한 스토리의
결정적인 차이는 무엇일까요?

쉽게 말하면 한 끗 차이입니다.
매력적인 스토리로 만드는 결정적 요소는 '마지막 디테일'입니다.
이 마지막 디테일이 모든 것을 결정합니다.
스토리를 만드는 마지막 5%의 과정이 모든 것을 좌우하는 것이죠.

'봉테일'이라 불릴 만큼 유명한 봉준호 감독의 디테일,
모두들 아실 겁니다.
영화 '기생충'을 촬영하기 전에 배우들에게
스토리보드를 나눠줬다는 유명한 일화가 있는데요.
봉준호 감독이 시나리오를 직접 그림으로 옮긴 이 스토리보드는
인물의 대사와 동작, 소품 등 그 표현의 수준이
웬만한 만화책 이상입니다.
영화를 찍기 전, 모든 장면 하나하나를
빈틈없이 구상하여 실제 영화 장면과
전혀 차이가 없을 정도로 디테일하게 구현했다고 합니다.
이렇게 찍은 영화의 스토리는 차원이 다릅니다.
데이터 스토리도 마찬가지입니다.
스토리를 다듬고 형상화하는 마지막 디테일이
결정적 차이를 만들어 냅니다.

우리는 데이터 스토리를 짤 때

대부분 분석 결과에만 신경을 씁니다.

그런데 이것은 그냥 평범한 좋은 이야기에 불과합니다.

어떻게 하면 단순 데이터 분석과는 차원이 다른

위대한 스토리로 펼쳐낼 수 있을까요?

뇌리에 꽂히는 스토리를 만드는 데는 몇 가지 질문이 필요합니다.

데이터 스토리는 단순 결과를 이야기하는 것이 아니라

청중의 마음을 사로잡고 공감을 이끌어 내서

그들의 관심과 흥미, 호기심을 불러일으켜야 하기 때문입니다.

어떻게 데이터를
재미있고 흥미로운
스토리로 만들 것인가?

데이터 분석에서 숫자는 계속 변하지만 큰 의미가 없고,

더군다나 주인공이 변하는 것도 아닙니다.

반짝이는 새로운 정보가 없다면,

어떤 것으로 새로움을 줄 수 있을까요?

결론적으로 말씀드리면,

'무엇WHAT의 세계'에서 '왜WHY의 세계'로 이동해야 합니다.

사람들이 '무엇'에 관심을 가질 것 같지만,

사실은 그 '이유'에 더 큰 관심을 가지고 몰입합니다.

하지만 데이터 분석은 대부분 '무엇'에 해당합니다.
우리는 여기에 그치면 안 됩니다.

'왜'라는 질문의 답과 연결시켜야 합니다.
그래야 클라이언트의 문제를 해결하고
새로운 솔루션을 던질 수 있습니다.
여기서 사건의 스토리가 발생하고,
마침내 해결되는 것이죠.

'왜'라는 질문을 통해
분석이 아닌 사람들이 몰입할 수 있는
위대한 스토리로의 전환이 가능합니다.

데이터 세상에서 문제를 새로운 관점으로 접근하고
'왜'라는 스토리 세상과 연결하는 것이죠.
이것이 데이터 분석을 위대한 스토리로 전환시키는
큰 관문입니다.

하지만 아무리 봐도 데이터를 새롭게 해석할 수 없다면
어떻게 해야 할까요?
우리가 들여다보는 데이터는 일상의 단편입니다.
새로울 것이 없죠.
이것으로 클라이언트를 감동시킬 수 없는 건 당연합니다.

이럴 때는 데이터를 '왜'라는 관점과
인과 관계의 프레임으로 바꾸어야 합니다.
데이터 분석 차원의 수를 줄이고
복잡한 데이터를 이해할 수 있도록 재배열해야 합니다.
이것은 '왜'라는 질문을 통해 단순한 이야기 구조에
새로운 인과 관계를 부여하기 위함입니다.

그러면 데이터가 달리 보입니다.
다르게 해석됩니다.

우리는 무심결에 데이터가 무작위가 아닌
어떤 규칙이 있기를 바랍니다.
데이터의 복잡성과 임의성을 그대로 두려고 하지 않습니다.
사건에 인과성을 부여해 설명하고 이해하기를 좋아합니다.
사건의 순서 그대로를 기억하는 것이 아니라
인과 관계에 맞게 재구성하는 것이죠.
'무엇'이 아니라, '왜'라는 세상에서 인과 관계를 제시하면
청중들은 더욱 생생하게 기억할 수 있습니다.

이렇게 한층 더 깊숙한 "'왜'의 세계"로 진입할 수 있습니다.

'왜'라는 질문을 통해

스토리는

데이터에서 강한 인상으로,

분석에서 공감으로,

결과의 해석에서 흥미진진한 인사이트의 발견으로,

결론의 제시에서 변화의 동기 부여로,

전환시키는 촉매제 역할을 합니다.

이제 데이터 스토리는

사람들과 교감하고 공감할 수 있는

플랫폼이 됩니다.

Data Creativity

5강 Data Creativity

데이터와
크리에이티브의 만남,
로직에서 매직으로

우리는 매일, 광고주에게 이런 얘기를 듣습니다.

"좀 더 새로운 거 없나요(New)"

"임팩트 있게 만들어 주세요(Impact)"

"후킹한 게 있으면 좋겠어요(Hooking)"

"다른 게 하나도 없는 것 같은데…(Different)"

"세상을 놀라게 할 이슈가 필요해요(Issue Making)"

광고주는 늘 더 새롭고 임팩트 있는 아이디어를 가져오라고 합니다.

그래서 며칠 밤을 새워가며 고민, 또 고민하고
인사이트를 찾기 위해 수많은 자료와 책을 보고
칸Cannes, 클리오Clio 등 다양한 광고제의 수상 사례를
찾아보기도 합니다.

그러다 어느 날 갑자기 슈웅~!
"그래~ 이거야!"하고 '감(感)'이 팍 오게 되고
그 '감'을 '빅 아이디어'로 발전시킵니다.

그런데 여기서 잠깐, 다시 한번 생각해 볼까요?

'감'은 누가 뭐라 해도 새로운 아이디어를 위해
반드시 필요한 것입니다.
감의 중심에 크리에이터의 경험과 능력이 있고,
이것이 현재 빅 아이디어를 만들어 내는 유일한 길이기 때문입니다.

"창의력은
　연결하는 능력이다."

스티브 잡스
Steve Jobs

하지만 지금 이 시대에
새롭게 요구되는 것은 무엇일까요?

저는 감히 이 크리에이티브 과정에
'데이터'가 깊숙이 들어가야 한다고 생각합니다.

앞에서 말씀드린 것처럼 우리는 디지털 대전환기에 살고 있습니다.
마케팅 환경도 마찬가지입니다.
대전환기의 브랜드, 광고, 커뮤니케이션, 그리고 크리에이티브.
이 모든 것이 변화의 물결입니다.

그리고 그 중심에 데이터가 있습니다.

단언하건대 데이터와 크리에이티브, 이제는 만나야 합니다.

그런데 이 데이터와 크리에이티브, 어떻게 생각하시나요?

"우리 지금 만나!" 말하면, 당장 만날 수 있을까요?

데이터는 숫자이고 크리에이티브는 아이디어입니다.
데이터는 분석의 대상이고 크리에이티브는 창조의 대상입니다.
데이터는 이성적이지만 크리에이티브는 감성적입니다.
데이터는 논리이지만 크리에이티브는 느낌입니다.
데이터는 객관이지만 크리에이티브는 주관입니다.
데이터는 과학이지만 크리에이티브는 예술입니다.

데이터와 크리에이티브는 이렇게 다릅니다.
그냥 다른 것이 아니라, 세계관이 다릅니다.
화성과 금성 같은 존재이죠.

하지만 단적으로,
데이터와 크리에이티브의 만남을 방해하는 것의 정체는
바로 이 이분법적 사고일 겁니다.

데이터	크리에이티브
숫자	아이디어
분석	창조
이성적	감성적
논리	느낌
객관	주관
과학	예술

광고 대행사 현업에서

일반적인 데이터와 크리에이티브의 만남은 이렇게 진행됩니다.

데이터를 분석해서 방향을 설정하면

여기에 근거해 크리에이티브를 실행합니다.

이것이 일반적인 고정 관념입니다.

아주 논리적이고 객관적으로 데이터를 분석하면

크리에이티브는 거기에 맞추는 형식인 것이죠.

이질적인 것들의 물리적인 결합입니다.

만나기는 하지만 섞이지는 않습니다.

오히려 크리에이티브 관점에서 보면,

이것은 크리에이티브를 옥죄는 겁니다.

창의성을 제한하는 것입니다.

심하게 말하면, 데이터가 크리에이티브를 죽이는 겁니다

"Data Can Kill Creatives."

그럼 어떻게 해야 할까요?

문제 해결을 위해 보다 근본적이고 대담한 질문이 필요합니다.

"데이터가 물과 공기처럼 상존하는 지금 같은 세상에서

위대한 크리에이티브를 만들려면 어떻게 해야 할까?

그리고 데이터는 무엇을 어떻게 기여해야 할까?"

이와 관련해서 구글의 데이터 과학자 니콜라스 루프[Nicolas Roope]가

의미심장한 말을 남겼습니다.

"Data ultimately is just a new way of seeing the world."

데이터는 결국 세상을 새롭게 바라보는 방식이 될 것이다.

Nicolas Roope @ Think with Google

그렇습니다.
데이터를 바라보는 프레임의 변화가 필요합니다.

이제 데이터를 단순히 분석의 수단으로 바라볼 것이 아니라,
거대하고 새로운 관점으로 바라보는 것이 요구되는 것이죠.
이것은 데이터를 보는 프레임이
좁고 작은 분석 단위에서 세상을 바라보는 넓고 큰 관점으로
바뀌어야 가능합니다.
데이터를 분석이라는 조그마한 수단이 아니라
세상이라는 세계관으로 바라봐야 합니다.
데이터를 상위 차원의 프레임으로 바라보고
세상을 보는 새로운 방식과 더불어 달라진 관점을 가져야 합니다.

즉, 데이터 시대에 위대한 크리에이티브를 만들기 위해서는
데이터를 분석해야 한다는 생각보다 더 큰 세계관의 변화가
필요합니다.

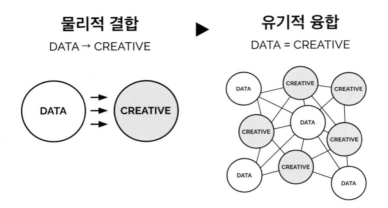

물리적인 결합보다는 유기적인 융합으로
데이터와 크리에이티브가 하나의 완전체가 되어야 합니다.

단선적으로 데이터를 분석하고 결과를 도출하여
논리적인 방향성을 설정하는 데이터 중심의 결합이 아니라
데이터와 크리에이티브가 생명체처럼 하나가 되어
크리에이티브에 녹아들어야 합니다.

Logic to Magic

데이터와 크리에이티브가 완전체가 되려면
데이터의 로직Logic에서 멈추는 것이 아니라
영감의 매직Magic으로 차원 자체를 이동해야 합니다.
그래야 크리에이티브와 데이터가 하나가 되어
새로운 스파크가 일어나고
이 시대에 맞는 새로운 임팩트를 만들어 낼 수 있습니다.

이제야 비로소 데이터가 크리에이티브의
도약대가 될 수 있는 것이죠.
이것이 대전환 시대에 필요한 데이터 사고입니다.

Data-Driven Creativity

하지만 현실은 그렇지 못합니다.

현재 데이터 크리에이티비티의 주류는

마이크로 타기팅Microtargeting과 초개인화Hyper-personalization에

집중되어 있습니다.

데이터와 돈이 이곳에 전부 몰려 있기 때문이죠.

· 타기팅 ·

국내 및 APAC의 크리에이티브 업계 주요 동향 및 향후 재편 요인		
%(국내)	TOP 3 요인	%(APAC)
50%	정보 홍수 속 타깃 고객 도달	36%
47%	크리에이티브 전략에 소비자 데이터 및 분석 기술 활용	47%
39%	고객층 도달을 목표로 하는 새로운 플랫폼	44%

· 개인화 ·

글로벌 마케팅 트렌드의 변화

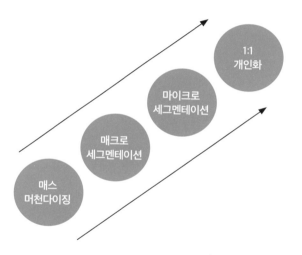

출처: Adobe Creative Pulse 2017 (APAC),
Boxever & Tnooz (2015, 6): A Brief History of Personalization

요즘은 구글이나 네이버보다 유튜브를 통해 제일 먼저 검색하시죠.

유튜브에 검색을 하고 나면 내 행동을 분석해

최적화된 또 다른 콘텐츠를 추천 알고리즘으로 제시해 줍니다.

그런데 이는 광고도 마찬가지입니다.

유튜브의 동영상 시청 이력과 검색 키워드에 따라

개인화된 맞춤 영상 광고가 뿌려지는 거죠.

이보다 일반적인 케이스는 구글에서 검색했을 때입니다.

한 번쯤은 경험해 보셨을 거예요.

특정 검색어를 입력하고 나면 어디를 가든 며칠 동안

관련 광고가 따라다닙니다.

이것을 리타기팅Re-Targeting 광고라고 하는데요.

예를 들어 여행지 검색을 하고 나면

여행 광고가 계속해서 따라다닙니다.

내가 페이스북을 가든, 이메일을 체크하든, 기사를 보든,

귀찮게 따라붙습니다.

여기에 한발 더 나아가, 모바일이 일상화되면서
개인화를 넘어선 초개인화 타기팅 광고 또한
속속 등장하기 시작했습니다.
타깃의 행동 데이터를 실시간으로 분석해서
현재 시점의 시간과 장소에 딱 맞는
크리에이티브 메시지를 발신할 수 있습니다.

매스 마케팅에서의 일반적 메시지

여름 신상 컬렉션 드디어 오픈!
당신에게 맞는 신발을
찾아보세요.

Get 10% OFF

개인화 마케팅을 위한 맞춤 메시지

매주 4번 이상 크로스핏을 하는,
프로운동꾼인 당신!

ABC마트에서 특별한 여름 신상
세일 혜택을 누려보세요 :)

Get 10% OFF

앞에서 보신 예들을
'데이터 드리븐 크리에이티비티 Data-Driven Creativity'라고 합니다.
데이터 분석을 통해서 개인화된 크리에이티브를
직접적으로 반영하는 것입니다.

여기서 질문 들어갑니다.

이게 최선일까요?
이것이 위대한 크리에이티브의
모습일까요?

데이터 드리븐 크리에이티비티도 초기에는 효과적이었습니다.
소비자 각각에게 딱 맞는 콘텐츠가 제공됐기 때문입니다.
그러나 이것이 지나치게 보편화되면서 쫓아다니는 광고가
우후죽순처럼 늘어났고 범람하는 지경에 이르자,
소비자들은 광고 자체를 부정적으로 생각하기 시작했습니다.

소비자들은 따라다니는 광고들을 피하게 되고
이에 따른 피로도가 급격히 증가했습니다.

무엇보다도 소비자들이
타기팅과 리타기팅의 원리를 간파해 버렸습니다.

처음에는 효과를 위해서 효율에 치중했지만,
이제 효과는 온데간데없고 효율만 남았습니다.
효율만 생각하다 보니 효과가 사라진 것입니다.
달을 가리키는데 그 손만 보고 있는 격입니다.

이에, 개인화에 초점을 맞춘 데이터 크리에이티비티가
크리에이티브 전체를 망칠 수 있다는 경고가
속속 등장하고 있습니다.

"최적화에만 초점을 맞춘 데이터 드리븐은
위대한 크리에이티브를 망칠 수 있다."

톰 피시번Tom Fishburne

Data-Inspired Creativity

다행히 최근 들어 큰 변화의 움직임이 일어나고 있습니다.
디지털 전략 컨설팅사 액센츄어가
초일류 크리에이티브 대행사인 드로가5Droga5를 인수했습니다.
데이터 마케팅 전문 대행사인 분더만Wundermann은
글로벌 광고 회사 제이더블유티JWT와 합병해서
분더만 톰슨Wudermann Tompson이 되었습니다.

· 글로벌 업계 동향 ·

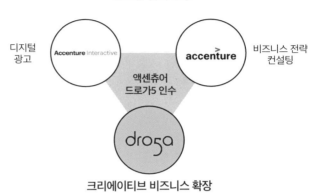

디지털
광고

Accenture interactive

accenture

비즈니스 전략
컨설팅

**액센츄어
드로가5 인수**

dro5a

크리에이티브 비즈니스 확장

데이터
컨설팅

WUNDERMAN

JWT

종합 광고
대행사

**분더만 톰슨으로
합병**

+WUNDERMAN
THOMPSON

**데이터 기반
크리에이티브 혁신**

그런데 그 속의 변화는 기존의 움직임과는 차원이 다릅니다.
데이터를 중심으로 흡수 합병하는 것이 아니라
크리에이티브 본연의 가치를 극대화하기 위한
근본적인 변화입니다.
기존의 데이터 중심 활동이 아니라
크리에이티브 본원적 경쟁력을 극대화하기 위한
새로운 변화의 움직임이 나타나기 시작한 것입니다.

이러한 움직임을
'데이터 인스파이어드 크리에이티비티|Data-Inspired Creativity'
라고 하는데요.
데이터가 크리에이티브에 영감을 주는 촉매제 역할을 하고
새로운 크리에이티브를 만드는 데 기여하는 것을
목표로 하고 있습니다.
직접적으로 데이터 분석을 반영하는 것이 아니라
크리에이티브와 빅 아이디어에 영감을 줄 수 있는
의미 있는 변화를 만들어가고 있는 것입니다.

· 데이터 인스파이어드 크리에이티비티 ·

데이터가 영감을 주는 촉매제로
새로운 크리에이티브를 만드는 데 기여하는 것

Data ＋ Creative

정리하자면,

현재 대세는 데이터 드리븐 크리에이티비티이지만

광고 회피와 부정적 반응 등의

크리에이티브 본연의 가치를 거스르는 역효과가

속속 등장하고 있습니다.

그래서 크리에이티브에 영감을 주는 촉매제 역할로,
크리에이티브 효과와 영향력을 극대화하는 형태의
데이터 인스파이어드 크리에이티비티라는
새로운 움직임이 시작된 것이죠.

칸 광고제 크리에이티브 데이터 부분에서도
이러한 트렌드 변화가 포착됩니다.
수상의 전반적 방향이 기존의
데이터 기반 개인화와 최적화 광고Data-driven Creativity에서
데이터를 통해 크리에이티브의 빅 아이디어에
영감을 주는Data-inspired Creativity 쪽으로 전환되었습니다.

이처럼 세계는 점차 데이터 드리븐 크리에이티비티에서
데이터 인스파이어드 크리에이티비티로 변화하는 중입니다.

· 데이터 크리에이티비티의 변화 ·

2018년 vs 2019년 칸 광고제 수상작

2018년 수상작
Data-driven Creativity → **Data-inspired Creativity**
2019년 수상작

그랑프리	골드	실버	그랑프리	골드	실버
The Times	**Google**	**Xfinity**	**Black& Abroad**	**Petz**	**German Rail**
JFK Unsilenced	Know what your data knows	Data into Dollars	Go back to Africa	Pet- Commerce	No need to Fly
JFK(존 F.케네디)의 음성 데이터를 가지고 그의 마지막 연설을 재구현하는 캠페인 집행	과거 NCAA (미국 농구) 경기 데이터를 활용하여 경기 상황에 맞는 리얼타임 캠페인 집행	시청자의 영상 시청 시간 데이터를 활용하여 데이터 사용 비용을 계산해 주는 캠페인 집행	부정적 의미로 쓰였던 "Go Back to Africa"라는 담론을 소셜 데이터에서 찾아 새롭게 재해석하여 긍정적으로 전환시킨 캠페인	표정 인식 기술을 활용해 애완동물이 직접 구매 할 수 있음을 보여 주는 새로운 크리에이티브의 캠페인 진행	사진 데이터를 매칭해 주는 머신러닝 기술을 활용하여 독일 여행을 권장하는 캠페인을 새로운 형태로 진행

How to Make
a Data-inspired
Creativity

그럼, 어떻게 하면 데이터 인스파이어드 크리에이티비티에
도달할 수 있을까요?
어떤 과정으로 크리에이티브에 영감을 줄 수 있을까요?

대전환의 방향을 알았으니
이제 방법과 도구가 필요한 것 같습니다.

하지만 여전히 데이터와 크리에이티브는
만나기 어렵습니다.

앞서 말씀드린 것처럼
프로그래매틱^{programmatic} 광고와 퍼포먼스 마케팅을 통한
데이터 드리븐 크리에이티브의 급증 때문에
크리에이티브에 영감을 주는 데이터에는
정작 신경도 못쓰는 실정입니다.

이것은 어마어마한 기회의 손실입니다.

데이터가 인사이트와 영감을 중심으로
크리에이티브의 새로운 토대를 형성할 수 있는 힘이 필요합니다.
그래야 보다 의미 있고 색다른 방식으로
소비자와의 새로운 관계를 형성하는
크리에이티브로 도약할 수 있습니다.
데이터는 분석을 넘어 **영감**으로,
이는 다시 **빅 아이디어**로 향해 나아가야 합니다.
데이터는 영감을 시작으로 사람들의 생각과 마음,
그리고 행동을 움직여야 합니다.

데이터는 기본적인 전략과 평가뿐 아니라
크리에이티브 콘셉트, 콘텍스트 플래닝과 같은
캠페인의 모든 과정에서 영향력을 발휘할 수 있어야 합니다.

현실에서 실행 가능한 인사이트를 주는 스마트한 분석이어야
영향력 있는 캠페인과 파워풀한 아이디어의
촉매제가 될 수 있습니다.

현업에서의 크리에이티브 전체 과정은 어찌 보면
경로 의존성Path Dependency을 보이는 전형이라 할 수 있습니다.
크리에이티브는 제작의 전유물이며
크리에이티브 디렉터의 경험과 능력으로 만들어진다는 생각이
광고 산업을 지배하고 있습니다.
하지만 이것이 데이터 시대에
크리에이티브의 혁신을 막는 걸림돌이 될 수도 있습니다.

글로벌 브랜드와 대행사들이
빅데이터와 워룸 스타일의 데이터 센터를 가지고
대대적으로 홍보하고 있지만
크리에이티브에 진짜 영감을 주는 데이터의 기능은
제작 프로세스에서 철저히 배제되어 있는 것이 현실입니다.

데이터 인스파이어드 크리에이티비티, 아직 갈 길이 멉니다.

그럼 어디서부터 어떻게 시작해야 할까요?

우선, 크리에이티브 시작 단계부터 데이터를 포함시켜야 합니다.
데이터를 숫자와 통계로 한정하지 말아야 합니다.
데이터를 통해 살아 숨 쉬는 소비자들을
우리가 일하는 회의실로 불러와야 합니다.

데이터를 통해 영감으로 도약할 수 있는
크리에이티브 캠페인을 만들기 위해서는
수많은 종류의 데이터에서
크리에이티브 의사 결정에 적합한 최적의 데이터를 추려내
진짜 소비자를 이해할 수 있는 데이터를
모으고 분석하는 데 집중해야 합니다.
그래야 크리에이티브 의사 결정에서
데이터가 새롭게 도약하는 지렛대 역할을 할 수 있습니다.

데이터가 많은 것이 중요한 것이 아니라
빅데이터에서 우리가 원하는 형태로 추려내고
크리에이티브 프로세스에 적확한 데이터를 가져와서
스마트 데이터 Smart Data로 전환시켜야 하는 것이죠.

여기서 스마트 데이터의 의미는
크리에이티브에 영감을 주는 의미 있는 데이터로
정의하고 싶습니다.

오늘날 우리는 수많은 종류의 데이터에 접근해
인사이트를 발견하고 키워갈 수 있습니다.
데이터를 통해 새롭게 시도하고, 탐험하고, 실험해서
전략과 크리에이티브가 하나 될 수 있도록 하는
제작 프로세스와 협업 방식이 필요합니다.

크리에이티브를 단순히 프로세스로 보는 것은 어폐가 있지만,
모든 사람들이 이해할 수 있는 프로세스를 정립해 놓으면
보다 넓은 차원으로
크리에이티브 캠페인 과정에 데이터가 기여할 수 있는 부분이
명확하게 보입니다.

· 크리에이티브 캠페인 프로세스 ·

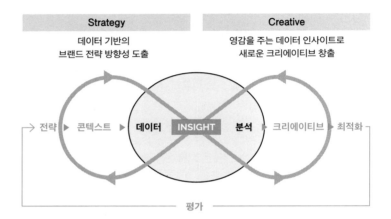

위의 프로세스에 근거하면 구체적으로
전략, 콘텍스트, 크리에이티브, 최적화, 평가라는
세부 단계로 나누어 볼 수 있습니다.

일반적으로 전략, 최적화, 평가 단계에서는
데이터가 이미 깊숙이 관여하고 있습니다.

데이터 인스파이어드 크리에이티비티를 만들어 내려면
크리에이티브와 콘텍스트 단계에서도 데이터를 통한
인사이트와 영감을 제공해야 합니다.

첫 번째 전략 단계에서 데이터의 역할은
크리에이티브가 비즈니스 목표를 성취할 수 있는
가장 최적의 방법을 찾는 것입니다.
데이터를 통해 크리에이티브의 문제와 목적을
새로운 관점으로 남다르게 규정할 수 있는 것이지요.

두 번째 콘텍스트 단계에서는
크리에이티브가 원하는 목적을 달성하기 위해
자신만의 고유한 콘텍스트를 발견하고 새롭게 창출합니다.
데이터는 삶의 맥락에서
브랜드의 위치와 의미, 역할을 만들어 가는 데 있어
총체적인 콘텍스트 인사이트를 줄 수 있습니다.

세 번째 크리에이티브 단계는

데이터 인스파이어드 크리에이티비티의 정수를 나타냅니다.

이는 데이터가 가져다주는 영감이

크리에이티브 아이디어와 직접 연결되는 것입니다.

데이터가 크리에이티브 캠페인의

가장 근본적인 핵심 요소가 되는 것입니다.

다음은 마지막 최적화와 평가 단계인데요,

데이터를 생각할 때 모두가 이 단계를 거쳐갑니다.

데이터를 크리에이티브를 조정하거나

정교화하는 데 사용하는 것이죠.

온에어 전에 실시하는 광고 사전 조사가 전형적인 방법입니다.

이를 통해 콘셉트나 세부 크리에이티브 요소를 평가하고

더 좋은 대안을 선택하는 것입니다.

대부분은 데이터를
크리에이티브에 영감을 주는 역할로 사용하기보다는
위험을 관리하고, 최적화하고, 평가하는 데에만 치중하고 있습니다.

하지만 우리의 최종 목표는
데이터로 크리에이티브 프로세스를 실질적으로 변화시키고
결국 데이터를 크리에이티브의 도약대로 만드는 것입니다.

캠페인 크리에이티브 프로세스에 개입되는
수많은 종류의 데이터가 존재합니다.
이는 모두 데이터 인스파이어드 크리에이티비티에
새로운 기회를 열어 줄 **열쇠**입니다.

데이터를 통해 타깃의 프로파일을 더욱 정교화하고,

그들의 선호나 기대와 같은

한층 더 깊숙한 감정들을 이해하는 한편,

단순히 개인화를 넘어

인간적으로 울림이 있는 메시지와 경험을 제안하며

이를 전달할 수 있는 가장 최적의 맥락을 발굴해내야 합니다.

다음 그림은 캠페인 크리에이티브에 영감을 줄 수 있는

다양한 데이터 소스들입니다.

이름하여 빅데이터 시대입니다.

소셜 데이터, 웹·앱 데이터, 검색 데이터,

소비자 행태 데이터, 콘텍스트 데이터 등등…

정말 많은 종류의 데이터가 존재합니다.

· 크리에이티브에 영감을 주는 데이터 소스 ·

	소스	시그널
세일즈 데이터	· 내부 세일즈 시스템 · CRM 플랫폼 · 상점별 매출 데이터 · 매장별 방문 이용자 수	· 구매 패턴, 고객 유입 비용 · 시장 지위 · 고객 프로파일 데이터 · 세일즈 채널
거래 데이터	· POS 시스템 · Online: Web, App 분석 · 로열티 프로그램/RFID · 금융 시스템	· 할인과 쿠폰 사용 · 구매 방식 · 충성 고객 · 특정 시간과 장소
웹, 앱 분석	· 웹 분석 패키지 · 광고 서버 쿠키 데이터 · Data management platform · 서버 로그 파일	· 방문자 수, 빈도, 최근 방문 · 체류 시간, 방문 경로 · 유입 채널, 병목 요인 · 구매 시점 분석
소셜 리스닝	· 소셜 리스팅 플랫폼 · 페이스북 인사이트 · 트위터 인사이트 · 소셜 대행사 서비스	· 감정 분석: 브랜드 vs 경쟁사 · 소셜 버즈 분석, 소셜 채널 분석 · 오디언스 인사이트 · 핵심 인플루언서 분석
검색 데이터	· 검색 엔진 플랫폼 · 구글 트렌드 · 검색량	· 검색 시간, 종류, 패턴 · 검색 소비자 프로파일 · 소비자 여정 지도
소비자 행태 데이터	· 소비자 정량, 정성 조사 · 2차 시장 자료 · 신디케이트 조사 데이터 · 트렌드 조사 데이터	· 카테고리 행태, 구매 경로 · 브랜드 유저 프로파일 · 소비자 세그먼트 · 소비자 선호, 매체 이용 행태
콘텍스트 데이터	· 소셜 버즈 데이터 · 검색어 트렌드 데이터 · 날씨 데이터 · 통계청 데이터, 공공 데이터	· 트렌드 · 경제 지표 · 날씨, 지도, 위치 데이터 · 교통량 데이터
테스트	· 조사 회사 분석 · 콘텐츠, 크리에이티브 · AB 테스트	· 행동 반응, 감정 반응 · 브랜드 메시지 반응 · 메시지 이해 · 크리에이티브 어필
캠페인 데이터	· 퍼블리셔 데이터 · DSP(Demand Side Platform) · Data management platform · 리포트 대시보드	· 인게이지먼트 지표 · 인게이지먼트 사용자 분석 · 크리에이티브 성과 · 채널 효과 분석

출처: Iab(international advertising bureau) Singapore, Measurements Standards & Data Committee

이 중에서 광고를 만드는 데 진짜 중요한 데이터는 무엇일까요?

그 답은 언제나 광고 회사의 업의 본질, 존재 이유에 있을 겁니다.

그것은 시간이 흘러도 변함없이, 누가 뭐라 해도
'크리에이티브'입니다.
광고 대행사는 크리에이티브라는 솔루션으로
돈을 버는 회사입니다.

크리에이티브는 세상이 아무리 변해도 변하지 않는
광고 대행사의 존재 이유입니다.

데이터 중심의 합병 과정을 거친 분더만 톰슨은
오히려 이런 역설적인 이야기를 합니다.

"대행사에서 데이터는
크리에이티브 없이 아무 소용없다."

In Advertising Agency, Data is Nothing Without Creativity.

그렇습니다.

그냥 데이터가 아니라

크리에이티브 그 자체에 집중하는 데이터가 필요합니다.

그 데이터를 바로 '크리에이티브 데이터Creative Data'라고 부릅니다.

일반적으로 이를 크리에이티브 성과 데이터로 생각하실 수 있지만,

아닙니다.

광고물 자체, 거기에서 나온 메타 데이터까지 포함한 전체가

'크리에이티브 데이터'입니다.

광고 원천 데이터, 메타 데이터, 반응 데이터가 하나로 엮여야

크리에이티브 데이터를 완성할 수 있습니다.

· 크리에이티브 데이터 ·

Advertising Data
광고 원천 데이터

광고 영상, 광고 카피,
광고 이미지 등

Creative Meta Data
광고 메타 데이터

광고 전략, 소구, 스타일 등
다차원 광고 분류

싱글
소스

Response Data
광고 반응 데이터

평점, 느낌, 생각 등
소비자들의 광고 반응

모든 데이터가 싱글 소스로 연결돼야
크리에이티브의 질적 혁신을 만들어 낼 수 있습니다.

뿐만 아니라 광고 모델, 광고 소재, 광고 배경, 광고 기법 등
광고의 세부 제작 표현 요소들까지 파악할 수 있는
데이터 사전(택소노미Taxonomy)을 구축하여
디테일한 크리에이티브 요소까지 반영할 수 있는
실질적 도구로 활용할 수 있어야 합니다.
그리고 이를 기반으로 광고의 숨은 영향 요인
엑스-팩터X-FACTOR를 발견할 수 있게 됩니다.

· 광고 세부 크리에이티브 전략 마련을 위한 데이터 사전 ·

광고에 노출되는 세부 제작 요소

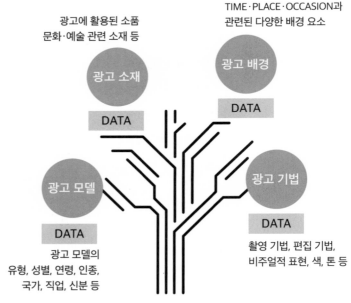

광고에 활용된 소품
문화·예술 관련 소재 등

TIME·PLACE·OCCASION과
관련된 다양한 배경 요소

광고 소재

광고 배경

DATA

DATA

광고 모델

광고 기법

DATA

DATA

광고 모델의
유형, 성별, 연령, 인종,
국가, 직업, 신분 등

촬영 기법, 편집 기법,
비주얼적 표현, 색, 톤 등

데이터 사전(Taxonomy) 구축

가장 효과적인 제작 요소 분석

이제 가장 중요한 크리에이티브 데이터를 어떻게 엮어서
구조화해야 하는지의 문제가 남았는데요.
기존 광고나 브랜드 효과 측정 모델들을 살펴보면
모든 조사 회사들은 각자 고유의 모델을 가지고 있습니다.
브랜드 자산 측정 모델도 마찬가지입니다.
이들은 광고와 브랜드의 성과를 종합적이고 체계적으로
측정한다는 면에서 그 역할이 분명히 존재합니다.
하지만 이러한 모델들은 분석에는 유용해도
크리에이티브를 만드는 데는 별 쓸모가 없습니다.

왜 그럴까요?

여러 가지 이유가 있겠지만, 가장 큰 핵심은 '복잡함' 때문입니다.
이 '복잡함'이 크리에이티브를 죽이는 겁니다.

수많은 요소를 측정하고, 평가하고, 세부 가이드를 주면서
어느 것 하나 집중하지 못하고 제약하기만 합니다.
복잡함이 크리에이티브를 가로막는 장애물이 될 수 있습니다.

크리에이티브에 영감을 줄 수 있는 모델은
단순하고 명확해야 합니다.
광고를 보는 모든 상황에 동일하게 적용되는
근본적인 핵심 기준이 필요한 거죠.
광고를 보는 가장 쉽고 직관적인 기준 말입니다.

소비자 심리 메커니즘과 광고 소구 요인, 광고 효과를 연결하는
간명한 프레임이 필요합니다.

이렇게 가장 쉽고 단순하면서도 명확한 프레임에 대한 힌트를
뇌 과학에서 얻을 수 있습니다.

Think and Feel

좌뇌와 우뇌

이성 소구와 감성 소구

복잡하고 체계적인 의사 결정과

단순하고 직관적인 휴리스틱 처리

행동경제학자 대니얼 카너먼^{Daniel Kahneman} 교수는

직관적인 '시스템 1'과 이성적인 '시스템 2'의 설명을 통해

인간의 본성과 시스템 1의 우위를 주장하여

전 세계적인 반향을 일으키기도 했습니다.

이는 광고 산업에서도 검증된

객관적이고 과학적인 기준입니다.

· 좌뇌 / 우뇌 ·

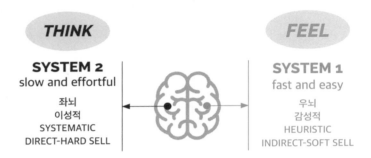

좌뇌의 이성적 소구는 체계적 처리를 거쳐
단기간의 세일즈를 일으킵니다.
우뇌의 감성적 소구는 빠르고 직관적인 처리를 거쳐
장기간의 브랜드 구축으로 나타납니다.

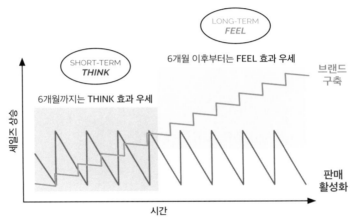

출처: From The Long and the Short of It, Binet & Field, 2013

이렇게 단순하지만 탄탄한 이론적 근거를 통해
이성 소구Think와 감성 소구Feel라는 기준을 세우고
광고의 크리에이티브 소구 유형을 모두 메타 데이터화해야
광고의 심리적 메커니즘에 근거한 심층 분석이 가능합니다.

이를 기반으로 기존의 광고 평가 모델로는 불가능했던
소비자들을 움직이는 핵심 요인을 발견하고
크리에이티브 전략 혁신을 구조화할 수 있습니다.

요컨대 크리에이티브 데이터는
효율, 마케팅, 미디어 중심의 데이터 분석에서
크리에이티브 콘텐츠 중심으로 영감을 주는
촉매제 역할의 핵심 데이터 소스로 자리매김할 것입니다.

더 나아가, 크리에이티브를 만들 때
실질적인 도움이 될 수 있도록
THINK와 FEEL이라는 간명한 소비자 반응을 중심으로
기본적인 체계를 도입하는 동시에
실전에 사용할 수 있는 구체적인 광고 표현 요소를
메타 데이터화해야 합니다.

결국, 이를 통해 데이터 분석을 넘어 새로운 방식으로
크리에이티브에 실질적인 영향력을 만들어 낼 수 있습니다.

그럼 다시 처음으로 돌아와서
데이터와 크리에이티브,
지금은 어떻게 생각하시나요?

이제 만날 수 있을까요?

데이터 인스파이어드 크리에이티비티는 이제 시작 단계입니다.
앞으로 더 많은 데이터 영감의 매직과
크리에이티브 혁신을 기대해 봅니다.

Part.2

BRAND

Brand

6강 Brand

대전환 시대,
브랜드의 재정의

앞에서 우리는 데이터를 중심으로
디지털 트랜스포메이션과 데이터 시프트라는
거대한 변화와 흐름들을 살펴보았습니다.
디지털 대전환의 시대.
이 속에서 브랜드와 브랜딩은
어떻게 진화하고 살아남을 수 있을까요?

대전환 시대, 브랜드를 다시 생각해 봅니다.

한때 세계적인 브랜드였던
코닥Kodak, 노키아Nokia, 야후Yahoo, 블록버스터Blockbuster가
디지털카메라와 스마트폰, 검색 솔루션, 스트리밍 비디오 때문에
줄줄이 사라졌다는 것이 이를 반증하는 것 같습니다.

잘나가던 브랜드들이
그저 기술의 변화 때문에 무너졌다면 믿지 않으시겠죠?

그런데 '코닥이 디지털카메라를 최초로 개발했다'는
사실을 알면 놀라실 겁니다.
실제로 그들은 10년 후 디지털카메라가
필름 사업에 막대한 피해를 입힐 것이라고
구체적인 예측을 하기도 했습니다.
코닥은 디지털 시대의 난관을 대비하지 않은 것도 아니고
극복할 능력이 없었던 것도 아니었습니다.

그렇다면 무엇이 잘못된 것일까요?
비즈니스 관점에서 간단히 말하면,
브랜드 가치와 실체를 디지털 시대의 새로운 기회와
연결하는 것에 주저했기 때문입니다.

"역사를 통해 우리가
배울 수 있는 가장 큰 교훈은
사람들이 역사를 통해
그다지 많이 배우지
않는다는 것이다."

조지 버나드 쇼
George Bernard Shaw

· 시대를 리드했지만 이내 사라진 파워 브랜드들 ·

필름의 대명사	피쳐폰의 대명사	비디오 대여점의 대명사

· 시대의 변화에 맞춰 새롭게 떠오른 브랜드들 ·

'필름'이라는 강력한 경쟁 우위 자산.

그것이 오히려 발목을 잡아서

다 알면서도 변화하지 못한 것입니다.

디지털 시대에 브랜드를 중심에 두고

코닥의 새로운 존재 이유와 고객 경험을 창출하지 못한 것입니다.

디지털카메라를 최초로 개발하고도 말입니다.

브랜드는 급변하는 환경 속에서 살아남기 위해

끊임없이 진화해야 합니다.

'브랜드가 어떤 모습으로 진화하는가'는

기업의 존폐를 결정할 만큼 중요한 일입니다.

대전환기의 디지털 시대, 데이터 시대에도

지속적으로 성장할 수 있는 새로운 브랜드 플랫폼이 필요합니다.

다시 처음으로 돌아가 브랜드 정의에서부터 시작해 봅시다.

"대체 브랜드가 뭐야?"

모든 사람들이 브랜드를 이야기합니다.

브랜드 전략가, 마케팅 전문가, 크리에이티브 디렉터…

소위 전문가 집단들만 이야기하던 '브랜드'라는 전문 용어가
이제는 모든 사람들이 이야기하는 일상어가 되어 버렸죠.

브랜드가 물과 공기처럼 일상으로 파고들어
너무나 자연스럽게 받아들여지고 있기에,
그야말로 아무 의미 없는 평범한 단어가 된 것입니다.

브랜드를 업으로 삼고 있는 사람들에게
"대체 브랜드가 뭐야?"라고 묻는 것도 새삼스럽습니다.

'브랜드는 이래야 한다'는 말은 차고 넘치고,
눈과 귀가 솔깃한 아이디어는 발에 챌 만큼 많은데,
브랜드 관리는 왜 더욱더 어려워지는 걸까요?

문제가 복잡하고 어려워질수록,
본질에서 다시 시작해야 한다고 하죠.
이럴 때는 대상에 대한 명확한 정의에서 출발해야 합니다.
그 시작점을 올바로 정해야
가고자 하는 지점으로 바르게 갈 수 있습니다.

하지만 그 브랜드에 대한 정의를 살펴보더라도
혼란스러운 것은 마찬가지입니다.

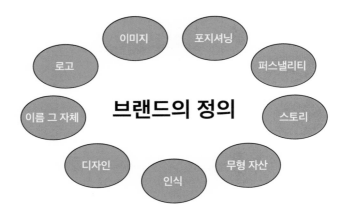

'로고', '포지셔닝', '이름 그 자체', '디자인',

'인식', '무형 자산', '퍼스낼리티', '이미지', '스토리' 등등

무수히 많은 정의가 있고,

아마 지금 이 순간에도 생겨나고 있을 것입니다.

그렇다면 실전에 도움이 되는 진짜 브랜드의 정의는 무엇일까요?

사람들이 일상적으로 이야기하는 브랜드 말고,

브랜드를 업으로 가진 사람들이 좌표처럼 가지고

일할 수 있는 정의,

지금 현업에 당면한 문제를 해결할 수 있는

'실전 정의' 말입니다.

이제 본론으로 들어가 볼까요?

우선 가장 큰 오해부터 풀어 봅시다.

브랜드는 광고인가?

대다수 기업의 실무자와 경영층은 브랜드를

'마케팅과 홍보 부서가 소비자들에게 알려야 하는 대상'

정도로 생각합니다.

혹 어떤 이들은 소셜 미디어와 모바일이 일상화된 세상 속

온갖 마케팅이 만연한 모습을 보면서

커뮤니케이션 활동이 브랜드의 전부인 것처럼 여길 수도 있습니다.
앞서 말한 것처럼 브랜드의 정의가
'이름, 로고, 이미지, 광고, 성격' 등의 표피적인 것으로
그치고 마는 이유입니다.

하지만 실은 이 중 어느 것도
브랜드의 진실을 설명해 주지 않습니다.
이것들은 브랜드를 그저 겉으로 나타내는
표시나 기호, 표현일 뿐이죠.
이렇게 브랜드를 표면적인 수준으로 한정하면
진짜 가치를 알 수 없습니다.
문제는, 기업들이 이와 반대로 브랜드를
광고나 커뮤니케이션 정도로 생각한다는 것입니다.

브랜드는 광고가 아니라,
비즈니스 그 자체다.

브랜드는 광고와 마케팅 만으로 만들어지는 것이 아닙니다.

구글, 스타벅스, 아마존, 우버, 테슬라 같은
대전환 시대의 위대한 브랜드들은
자신만의 방식으로 광고를 거의 하지 않고도
엄청난 비즈니스를 창출하고 있습니다.

위대한 기업들은 브랜드를 전략적으로 활용합니다.
그들은 브랜드의 존재 이유와 핵심 가치를 명확히 한 다음
브랜드 그 자체를 비즈니스로 만듭니다.
이를 통해 브랜드는 기업의 문화에 스며들고,
고객들에게 전달하는 가치를 혁신하며,
모든 이해관계자들과 함께하는 관계의 중심에 서게 됩니다.

디지털 대전환기에 새롭게 성장한 브랜드들은
기존의 생각과는 완전히 다른 방식으로 만들어집니다.
이것이 사업으로서 브랜드의 핵심입니다.

브랜드를 비즈니스 그 자체로,
관점의 차원을 높여야 새로운 정의에 접근할 수 있습니다.
이를 위해서는 브랜드를 바라보는 접근 자체가
근본적으로 달라져야 합니다.

비즈니스를 만들어가고 키우는 총체적인 방식으로
브랜드가 운용돼야 비로소,
앞에서 언급한 위대한 브랜드 반열에 오를 수 있습니다.
그래야 데이터 시대에도 새롭게 진화하는 발판을
마련할 수 있습니다.

오롯이 비즈니스 관점으로 접근하는 브랜드만이
기업 운영의 모든 과정에 데이터와 분석이
제 역할을 하는 결과를 만들 수 있습니다.

조금 더 쉽게 비유하자면, 브랜드는 기업의 GPS입니다.
우리가 가고자 하는 곳의 위치와 방법을 알려주는 GPS처럼
기업이 하는 모든 일과 처리 방법을
브랜드 중심으로 기획하고 실체화해 나가야 합니다.
브랜드는 기업의 모든 업무를 촉진하고 조직화하는
경영의 도구로 적극 활용될 수 있어야 합니다.
브랜드를 비즈니스 그 자체로 보는 관점을 통해
기업의 조직과 운영을 이끄는 중심 개념으로
만들어야 하는 것입니다.

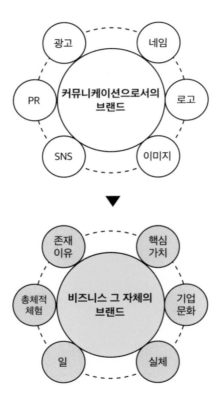

・브랜드를 바라보는 관점의 변화・

정리하면, 브랜드는 고객들에게 제공되는 모든 경험과 가치를 통해
다양한 이해관계자들과 관계를 형성해 내는
그 기업의 고유한 비즈니스 방식입니다.

단언하건대, 브랜드는 기업이 하는 일과
그 일을 하는 방법 그 자체입니다.
기업이 '하는 말'이 아니라 '실제로 하는 일'입니다.
표현과 마케팅에 치중하는 것이 아니라
브랜드를 운영하고 실체화하는 것이 이를 정의하는 핵심인 것이죠.

대전환의 시대에
'**비즈니스로서의 브랜드**'라는 정의를 GPS처럼 가지고 있다면,
단순히 커뮤니케이션으로 한정하는 것이 아닌
새로운 토대를 마련하고 급변하는 변화 속에서도
지속적으로 성장하는 동력으로,
브랜드를 그 중심에 두실 수 있을 겁니다.

Branding

7강   Branding

<u>브랜딩,</u>
<u>브랜드의 존재 이유를</u>
<u>찾아가는 여정</u>

"성장하는 사업은 존재하지 않는다."

현재 주요한 위치에 있는 모든 산업은 한때 성장 산업이었습니다.

그런데 성장의 흐름을 탔던 일부 산업 중에는

이미 내리막길로 접어든 것도 있습니다.

스마트폰이 그런 산업일 겁니다.

현재 성장 산업에 있는 브랜드들도

실상은 성장을 멈춘 상태일지도 모릅니다.

그 원인은 시장이 포화돼서라기보다

브랜드의 경영과 전략의 실패가 대다수일 겁니다.

어떻습니까? 파격적인가요?

하지만 이 내용은 제가 새로이 만들어 낸 이야기가 아닙니다.

1960년 시어도어 레빗^{Theordore Levitt}이 연구했던

그 유명한 "마케팅 마이오피아^{Marketing Myopia}"의

도발적인 첫머리에서 시작됐습니다.

당시 업계에 엄청난 파장을 가져왔죠.

이는 하버드 비즈니스 리뷰^{Harvard Business Review} 잡지 역사상

가장 많이 재수록되고 있는 연구이기도 합니다.

그는 '철도 산업'을 예로 들면서

마케팅 근시안을 지적하고 이를 벗어나라고 경고했습니다.

업의 개념을 기업의 관점에서만 규정하면

제품에 대한 고정 관념에서 벗어나지 못하게 된다는 겁니다.

초점을 '무엇을 파느냐'는 기업 관점에 두는 것이 아니라

'왜 사느냐'는 고객 관점에 두어야 한다는 것이죠.

60년이 지났지만 시대를 넘어서는 혜안입니다.

"당신의 비즈니스에서
10년 후에도
변하지 않는 것은 무엇인가?
그것에 집중하라."

제프 베조스
Jeff Bezos

그러면 그 당시 상황으로 한발 더 들어가 볼까요?

철도는 산업 혁명 이후 미국 경제 발전의 중심이었습니다.
그런데 어느 날 강력한 경쟁자 비행기가 등장합니다.
이에 비행기와 되도록 멀리하기 위해
공항과 거리를 두고 기차를 운행했습니다.
하지만 기차는 경쟁력을 잃고 공영화되어
결국 도산 위기를 맞습니다.

그렇게 잘나가던 철도 비즈니스가 왜 이런 어려움을 겪었을까요?
두말할 것도 없이 '근시안'에 빠진 겁니다.

무엇보다 '그들이 어떤 비즈니스를 하는지'에 대한
근본적인 고민이 없었던 겁니다.

비즈니스를 정의할 때
기업과 제품 측면에서 바라보는 것은 기본이고,
한발 더 나아가 시장과 고객이라는 측면에서
바라보는 것이 중요합니다.

쉽게 말해 "고객들이 왜 기차를 타야 하느냐?"라는 질문에
대답해야 하는 것입니다.
기차를 단순한 철도 사업으로,
기업 중심에서 보는 것이 아니라
'빠르고 편리한 이동을 제공하는 사업'으로,
고객 중심에서 봐야 합니다.
이처럼 고객의 관점으로 보면 사업의 본질에
한발 더 다가갈 수 있습니다.

항공 비즈니스가 본격적으로 시작되었을 때,
철도는 어떻게 해야 했을까요?

철저히 고객의 관점에서

'철도'의 비즈니스가 아닌 '여행'의 비즈니스로 재정의하고,

기차 여행만이 줄 수 있는 특별한 가치를 팔아야 했습니다.

만약 그랬다면 마케팅 근시안에 빠지지 않았을 테고,

파산 절차로 향하지도 않았을 겁니다.

우리는 어떤 비즈니스에 있는가?

Which business are we in?

내가 하는 비즈니스가 고객의 관점에서

어떤 사업인지를 알아야 합니다.

우리 회사가 파는 물리적인 제품이 아니라

"어떤 비즈니스에 있는가?"를 고객의 시각에서 바라보는 것입니다.

이를 '업의 본질' 또는 '업의 개념'이라고 합니다.

위대한 브랜드들의 업의 정의

업의 개념을 이야기할 때 가장 명쾌한 사례가
미국의 IT 기업 **IBM**인데요.
IBM이 처음에 어떤 사업을 했는지 아시나요?
IBM이 'International Business Machine'의
약자라는 것에서 알 수 있듯이
기업의 컴퓨터 하드웨어를 판매하는 사업으로 시작했습니다.
하지만 한때 잘나가던 하드웨어 사업이 지면서,
IBM은 소프트웨어와 컨설팅 서비스 기업으로 거듭나기 위해
브랜드의 오랜 정체성을 버리고 인력의 절반을 해고해야 했습니다.
고객의 관점에서 '비즈니스 솔루션 컴퍼니'로 업을 재정의하고
컴퓨터 하드웨어 사업을 모두 매각했습니다.

현재는 '스마터 플래닛the Smarter Planet'이라는 슬로건을 중심으로
빅데이터 기반 인프라를 세팅해 주는 새로운 업의 정의를 통해
나날이 진화해 나가고 있습니다.

나이키 사례를 보면 더 흥미진진하실 겁니다.
앞선 IBM보다 더 소비자 관점으로 들어가니까요.

나이키는 제품을 팔지 않습니다.

나이키는 운동화가 아니라 가치,
제품이 아니라 브랜드 정신을 팝니다.

그 정수가 바로 'Just Do It'입니다.
이는 단순히 슬로건에 그치지 않습니다.
'Just Do It'이라는 나이키의 브랜드 정신은
운동을 넘어서 진짜 하고 싶은 것들을 아무 생각 없이
바로 시작할 수 있는 용기와 욕구를 불러일으킵니다.

브랜드 정신이 나이키를 구매하고 함께하는 사람들을
하나로 묶는 역할을 합니다.
이를 통해 제품을 넘어서서 고유한 정서와 문화적 공동체를
형성하고 있습니다.
나이키는 브랜드 정신을 통해
고객의 욕망으로 고객의 기대를 재정의하고
비즈니스 범주에 대한 통념에 도전했습니다.

애플 역시 마찬가지입니다.

"우리는 훌륭한 스마트폰을 만듭니다.
유려한 디자인, 단순한 사용법, 사용자 친화적 제품입니다."
그들은 자신의 비즈니스를 이렇게 정의하지 않습니다.

애플은 스스로를 이렇게 이야기합니다.

"애플은 모든 면에서 현실에 도전합니다.

'Think Different'라는 가치를 믿습니다.

현실을 도전하는 하나의 방법으로,

우리는 디자인과 단순한 사용법, 사용자 친화적 제품을 만듭니다."

이것은 사이먼 사이넥Simon Sineck이라는 컨설턴트가

『나는 왜 이 일을 하는가Start with Why』라는 저서에서

언급한 내용입니다.

왜 그 일을 하는가?

존재 이유(Why)에서 먼저 시작해

그것을 어떻게 달성하는지(How),

그리고 결과물은 어떤 제품인지(What)를 이야기하는 거죠.

요즘 소비자들은 '브랜드가 무엇을 하는가'보다
'왜 그 일을 하는가'에 관심이 있기 때문입니다.

사업의 근원을 물리적인 제품에서 찾는 것이 아니라
그 제품을 만드는 이유에서 찾는 것입니다.

애플, 테슬라, 구글, 아마존, 디즈니는
그들의 존재 이유에 대한 남다른 비전을 가지고
사업의 영역을 무한히 확장하는 위대한 브랜드의
대표적 사례입니다.
온라인 서점에서 시작한 아마존은
'The Everything Store'라는 비전을 통해
디지털로 세상 모든 것을 제공하는 4차 산업의
핵심 기업으로 성장했습니다.

애니메이션 비즈니스로 시작한 디즈니는
마블 시네마틱 유니버스, 폭스 영화사, OTT 서비스 제공 기업인
훌루와 함께 엔터테인먼트 콘텐츠 플랫폼으로 도약했습니다.

그들이 만들어 가는 새로운 사업과 비전을 보면
업에 대한 근본적인 질문이 얼마나 중요한지 다시금 깨닫게 됩니다.

이처럼 위대한 브랜드들은
"우리가 속한 비즈니스는 무엇인가?",
"우리는 그 일을 왜 하는가?"라는
두 가지 고객 관점의 질문을 계속해서 던집니다.
이 같은 근원적 질문을 통해 소비자의 기대를 재정의하고
전통적인 사업 범주에 대한 고정 관념에 도전합니다.

그들은 "우리가 속한 진정한 비즈니스는 무엇인가?"라는 질문에
천착해서 카테고리의 한계를 뛰어넘는 혁신적인 실체를 개발하고
소비자 중심으로 재정의하는 것입니다.

구글과 아마존, 애플, 디즈니 등의 위대한 브랜드들이
세상에 없던 혁신을 만들어가고 있을 때,
경쟁사들은 근시안적 태도에 머물러 있습니다.
남들의 혁신에 어쩔 수 없이 반응해야 했던 그들의 모습에서
60년 전에 언급했던 '마케팅 근시안'을 재차 볼 수 있는 것이죠.
이렇게 좁은 시야에 빠진 브랜드들이 보이는 전형적인 반응은
기존에 확보했던 우월한 시장 지위와 전문성을 지키려고
몸부림치는 것입니다.

시장과 소비자는 이미 변해버렸는데
기존에 잘해왔던 것들을 붙들고 변해야 할지 고민만 하다가
자멸하고 마는 것입니다.

디지털과 데이터로 모든 비즈니스 영역이 급변하고 있습니다.
자동차, 숙박, 택시, 은행, 가구, 호텔, 백화점 등등
변화의 물결로 모든 비즈니스와 산업이 요동치고 있습니다.

하지만 이러한 대전환의 시대에 브랜드가 해야 하는
가장 중요한 것은 앞에서 언급했던 두 가지 질문입니다.

"우리는 무엇을 팔고 있는가?"
"우리는 그 일을 왜 하는가?"

이 두 가지 근본적인 질문에 브랜드를 놓고
다시 한번 자문해봐야 합니다.

제품을 넘어서서 소비자 관점으로,
비즈니스가 그들의 삶에서 어떤 역할을 해야 하는지
숙고하는 것이 필요합니다.

예를 들어 고객 관점의 호텔 비즈니스는 단순히 상품,
즉 숙박을 판매하는 것이 아닌
'라이프 컬처 플랫폼Life Culture Platform' 으로 정의할 수 있습니다.

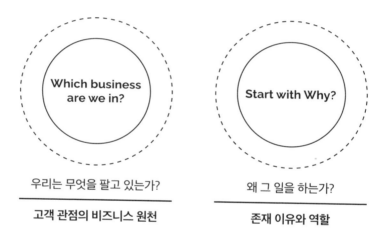

・브랜드의 근본적 질문・

우리는 무엇을 팔고 있는가?

고객 관점의 비즈니스 원천

왜 그 일을 하는가?

존재 이유와 역할

호텔이 파는 상품 그 자체를 바라보면,

이는 사양 산업입니다.

에어비엔비 같은 공유 숙박 서비스가 시장에 들어오면서

앞으로 더욱 심화될 것입니다.

하지만 소비자와 그들의 라이프에 초점을 맞추고

업의 개념을 전환하면,

무궁무진한 성장 산업으로의 새로운 가능성을 엿볼 수 있습니다.

사람들의 라이프 스타일이 다변화하고 있고,

그들의 취향이 곧 비즈니스로 성장하고 있기 때문입니다.

제품이 아니라,

서비스가 아니라,

스타일을 파는 기업들이 속속 등장하고 있습니다.

이러한 시대의 변화를 포착한다면

호텔 사업을 '라이프 컬처 플랫폼'이라는 관점에서

'새로운 삶의 문화와 스타일을 제안하는 기업'으로

재정의할 수 있을 겁니다.

소비자의 삶이라는 관점에서 다시 바라보면,

업의 영역이 달리 보입니다.

새로운 상상력으로 새로운 잠재력과 가능성을 볼 수 있습니다.

Brand Ideal

위대한 브랜드와 좋은 브랜드, 그 한 끗 차이

목적이 이끄는 브랜드

위대한 학교는 없습니다. 좋은 학교가 있기 때문입니다.
위대한 정부는 없습니다. 좋은 정부가 있기 때문입니다.
위대한 삶을 사는 사람은 손에 꼽을 정도로 드뭅니다.
대개의 경우 좋은 삶을 사는 것으로 만족하기 때문입니다.

"좋은 것은 위대한 것의 적."
Good is the enemy of Great.

짐 콜린스Jim Collins가 그의 저서
『좋은 기업을 넘어 위대한 기업으로』서문에서 한 말입니다.

분야를 막론하고 위대한 것이 드문 이유가 바로 이 때문입니다.
브랜드도 마찬가지입니다.
대다수의 브랜드는 위대하지 않습니다.
그저 좋기 때문입니다.

그렇다면 위대한 것과 좋은 것을 나누는 기준은 무엇일까요?

어떻게 하면 좋은 브랜드에서
위대한 브랜드로 도약할 수 있을까요?

"충분히 좋은 것만으로는
충분하지 않다."

제이 샤이엇
Jay Chiat,
TBWA 샤이엇데이컴퍼니
CEO

좀 더 구체적으로, 경쟁자들보다 앞서서
시장을 리딩하는 기업의 성장 동력은 무엇일까요?
브랜드가 최고의 자리에 오르고,
이를 지켜 나가는 힘은 어디에서 나오는 걸까요?

그 실마리를 메가 트렌드의 변화에서 찾아보겠습니다.

고객을 사로잡는 방법은 시대에 맞게 진화해 왔습니다.
시장의 트렌드는 '제품의 시대'에서 '소비자 지향의 시대'로,
그리고 다시 '가치 주도의 시대'로 변화하고 있습니다.
이 변곡점의 기반에는 소비자를 바라보는 관점의 변화가 있습니다.
이제 고객을 단순히 소비의 대상인
'소비자'로 바라보는 것이 아니라,

이성과 감성, 그리고 영혼을 지닌
진짜 살아 숨 쉬는 '사람'으로
바라봐야 하는 것이죠.

마케팅의 대상을 소비자로 국한하는 것이 아니라
사회적이고 문화적인, 공동체라는 관점으로
시장 전체의 프레임을 새롭게 바라봐야
현재의 변화를 체감할 수 있습니다.

가치 주도의 시대에서 소비자, 아니 사람들 역시 진화했습니다.

단순히 개인이 아닌 인류 전체의 공존에 관심을 기울이고
사회적으로, 경제적으로 그리고 환경적으로
더 좋은 세상을 열망하며,
기업에도 그것을 요구하기 시작한 것입니다.
자신이 선택한 제품이나 서비스가
기능적, 정서적 만족감을 충족시켜줄 뿐 아니라
더 좋은 세상을 위한 가치를 제공해 주기를 바라는 것이죠.

하지만 대다수의 그저 좋은 브랜드들은
최고의 성과, 최대의 이윤, 고객 만족,
지속 가능한 성장만을 전면에 내세워
비전과 목표를 제시합니다.

이런 이야기는 공감도 안 될뿐더러 의미도 없습니다.
모든 브랜드들이 비슷비슷한 이야기를 하고 있기 때문입니다.

새로운 시대를 이끄는 브랜드들은
단순히 고객 만족과 이익 실현을 넘어서
보다 고차원적인 목표를 지향합니다.
세상에 기여하고자 하는 원대한 비전과 가치를 설정합니다.
빈곤과 빈부 격차, 환경 파괴 같은
사회적 문제를 위한 노력과 해결책을 제시하는 것이죠.

이제 위대한 브랜드로 도약하기 위한 실마리를 잡으셨나요?

새로운 시장을 위한 차원이 다른 새로운 가치,

바로 **진정성.**

우리는 새로운 시대를 마주하고 있습니다.

언제 어디서든 원하는 정보를 검색하고 공유할 수 있는 시대,

기업이 내세우는 가치와 활동이 분리되지 않는 시대,

기업의 철학과 행보의 일거수일투족을 감시하고 간파하는 시대,

우리는 이전과 전혀 다른 시대를 살고 있는 것입니다.

이런 환경에서 사람들은

브랜드가 이야기하는 일방적인 주장에

귀 기울여야 할 이유가 없습니다.

아무리 좋은 이미지라도,

아무리 좋은 메시지라도,

그 뒤에 숨을 수 없게 되었습니다.

소비자들이 스스로 진짜와 가짜를 판단할 수 있기 때문입니다.

사람들이 비즈니스 메커니즘을 다 알고 있기 때문입니다.

그래서 더욱 중요해진 시대의 화두가 바로 '진정성'입니다.
투명하지 않으면 생존하지 못하는 세상이 되었습니다.
우리가 원하는 메시지를 보낸다고 해서
행동이 가려지는 것은 아닙니다.

그렇다면 진정성을 어떻게 평가하고 검증할 수 있을까요?

"진심이다. 진정성을 가지고 말씀드린다."
백날 이야기해도 사람들은 믿지 않습니다.
사람들은 그럴듯한 말을 믿는 것이 아니라
그 말을 실행에 옮긴 행동을 보고 믿습니다.

말보다 행동이, 메시지보다 실체가 중요합니다.
무엇보다 브랜드가 표방하는 가치와
실제 행동 사이에 괴리가 존재하면,
아무리 좋은 가치라 하더라도 진정성 측면에서
높은 점수를 받기 어렵습니다.

몇 가지 브랜드 사례를 들어 볼까요?

가장 먼저 떠오르는 브랜드는 **파타고니아**^{Patagonia}입니다.
특히 블랙 프라이데이 시즌,
뉴욕 타임스에 실린 'Don't buy this Jacket'이라는
도발적인 광고는 모든 사람들의 이목을 집중시켰습니다.

"옷을 파는 회사가 옷을 사지 말라고 광고하다니
이게 무슨 소리야" 하실 수 있을 것 같습니다.
광고를 유심히 보면, 옷을 만드는 과정에서 환경이 파괴되니
정말 필요하지 않으면 사지 말라는 내용입니다.
이 파격적인 광고를 보고 고도의 마케팅이라고 하실 수도 있지만
그동안 파타고니아의 행보를 조금만 살펴보면
마냥 마케팅으로 치부할 수만은 없을 겁니다.

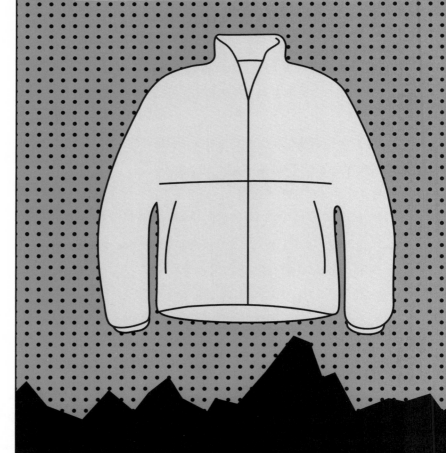

파타고니아 창립자 이본 쉬나드Yvon Chouinard는
바위의 틈에 끼워 넣어 등산을 보조하는
금속 못 '피톤piton'을 만드는 회사로 시작했습니다.
이후 뛰어난 제품력을 기반 삼아
등산 장비와 의류 제조 기업으로
눈부시게 성장했는데요.

하지만 주력 제품이었던 피톤이 바위를 훼손한다는 이유로
이 사업 자체를 전면적으로 포기하게 됩니다.
사업적으로는 큰 위험이 따르는 결정이었지만
환경 보호라는 사회적 대의를 위해 필요한 결정이었던 것이죠.

과연 우리는 환경을 파괴한다는 이유로
핵심 사업의 철수를 결정할 수 있을까요?

파타고니아의 미션을 보면 광고의 진정성이
마음에 와닿을 겁니다.

"우리는 최고의 제품을 만들되
불필요한 환경 파괴를 유발하지 않으며,
환경 위기에 대한 해결 방안을 수립하고
실행하기 위해 비즈니스를 이용한다."

Build the best product, cause no unnecessary harm. Use business to inspire
and implement solutions to the environmental crisis.

이것이 파타고니아가 비즈니스를 꾸려 나가는 존재 이유입니다.
비즈니스와 사회적 대의가 한 몸인 것이죠.
그냥 좋은 말이 아니라 온몸으로 온 정신을 실천하는
비즈니스의 정수라고 할 수 있습니다.

도브Dove**는 여성들과의 관계를 진정성 있게 재설정했습니다.**
광고와 매체에서 드러내는 아름다운 이미지와
여성들이 가진 내면의 아름다움 간의 괴리를 해결하고자 했습니다.

'리얼 뷰티 캠페인Campaign for Real Beauty'을 통해
화장품 기업들이 이야기하는 피상적인 아름다움과는 결이 다른,
여성이 가진 진짜 아름다움 그 자체에 자신감을 가질 수 있도록
응원하고 있습니다.
세상의 모든 여성들이 있는 그대로의 외모를
사랑할 수 있게 만들려는 원대한 비전을 가지고
이를 끊임없이 실천해 나가고 있는 것입니다.

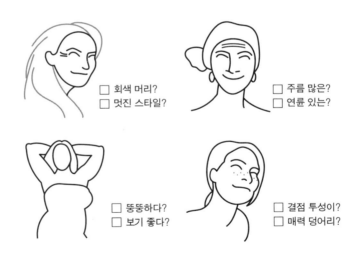

□ 회색 머리?
□ 멋진 스타일?

□ 주름 많은?
□ 연륜 있는?

□ 뚱뚱하다?
□ 보기 좋다?

□ 결점 투성이?
□ 매력 덩어리?

IBM은 세상의 문제를 스마트하게 해결하고자 하는
'더 똑똑한 지구를 만들자Let's Build a Smarter Planet'라는 슬로건과
빅데이터 분석 솔루션 '왓슨Whatson'을 통해 진정성을 실현합니다.
헬스케어에서부터 플랫폼 보안까지,
도시의 연결망에서부터 글로벌 상거래까지,
인류가 해결해야 하는 문제에 집중하고
더 좋은 솔루션을 실행해 나가면서
현실의 문제를 해결하는 일에 앞장섭니다.

미국의 세제 브랜드 **메소드**Method는

'더러움에 맞서는 사람들People Against Dirty'이라는 슬로건을 통해

건강에 해로운 화학 성분으로 가득한 세제와 생활용품 시장을

혁신하겠다고 야심 차게 선언했습니다.

그리고 실제로 세제 제품들을 친환경 그린 소재로 바꾸며

눈부시게 성장하고 있습니다.

'친환경 소재로는 완벽하게 깨끗이 닦이지 않는다'는

고정 관념에 정면으로 맞서 친환경 소재만으로

진정한 깨끗함을 만들어 내고 있습니다.

창업자 에릭 리안Eric Ryan은

"사람들의 삶을 개선하는 일을 하면

훨씬 더 많은 가치를 창출하게 되죠.

내가 훨씬 커다란 무언가의 일부라고 생각하기 때문입니다.

브랜드의 추구 가치는 창업자, 직원, 파트너, 소비자 모두에게

동기 부여를 할 수 있습니다."라는 말을 통해

가치 기반의 신념을 전달했습니다.

그들은 변하지 않을 것 같던 기존의 세제를

그들만의 방식으로 바꾸며

세상의 진보를 만들어 내고 있는 것입니다.

이들의 비결은 무엇일까요?

어떻게 이 시대에 맞는 위대한 브랜드로 도약할 수 있을까요?

어떻게 하면 세상의 존경과 존중을 받는 브랜드로

성장할 수 있을까요?

브랜딩과 마케팅을 이야기할 때,

제품과 서비스의 문제를 해결하고 이슈를 만들어 내는

빅 아이디어Big Idea가 필요하다는 말은 빠지지 않고 등장합니다.

하지만 이제는 그것만으로 부족합니다.

브랜드가 제공하는 제품과 혜택을 넘어서서

우리가 사는 세상에 대한 관점,

즉 '**브랜드만의 세계관**'을 가져야 합니다.

브랜드 세계관을 통해 속성과 이미지라는 마케팅 차원을 넘어

더욱 폭넓은 문화, 우리 삶의 공동체와 함께 할 수 있습니다.

이는 가치를 창출하는 비즈니스를 넘어

사회적으로 폭넓게 전개하는 기업의 모든 활동들을 아우릅니다.

그 구심점을 바탕 삼아 세상과 함께 앞으로 나아갈 수 있도록 하는

단일한 신념 체계로 차원이 다른 성장을 도모할 수 있습니다.

이제 '아이디어^{Idea}'에서 '아이디얼^{Ideal}'로 변화가 필요한 때입니다.

BIG IDEA → BIG IDEAL

브랜드가 세상의 진보를 위해 무엇을 기여할 수 있는가?

Brand Ideal,
목적이 이끄는 브랜드

그럼 본격적으로 '브랜드 아이디얼'에 대해 알아볼까요.

브랜드 아이디얼은
"우리 브랜드가 세상의 진보를 위해 무엇을 기여할 수 있는가?"에
대한 근원적 고민입니다.
브랜드가 제품과 서비스, 비즈니스를 넘어서서
우리가 살고 있는 세상에 기여할 수 있는
근본적 존재 이유를 밝히는 것입니다.

쉽게 말해,
"어떻게 하면 우리 브랜드가
더 좋은 세상을 만들 수 있을까?"의 답변이죠.

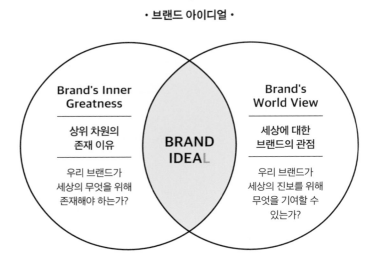

· 브랜드 아이디얼 ·

Brand's Inner Greatness

상위 차원의
존재 이유

우리 브랜드가
세상의 무엇을 위해
존재해야 하는가?

BRAND IDEAL

Brand's World View

세상에 대한
브랜드의 관점

우리 브랜드가
세상의 진보를 위해
무엇을 기여할 수
있는가?

좀 더 깊이 들어가서,

브랜드 아이디얼은 브랜드 안에 내재된 위대함Brand's Inner Greatness과

세상에 대한 세계관Brand's World View이 만나는 지점에서 탄생합니다.

사람들의 삶을 개선하겠다는 목적Purpose을

기업의 가장 상위 차원의 목표로 두는 것입니다.

기업이 목적 그 자체를 존재 이유로 둠으로써
세상에 보다 고차원적인 혜택을 제공하는 것입니다.
아이디얼은 소비자와 직원, 이해관계자 등
기업과 관련된 모든 사람들에게 영감을 주며
이를 중심으로 결집하고 통합할 수 있는 힘을 가졌습니다.

그리고 이는 브랜드가 가진 신념을
고객이 원하는 가치와
지속적으로 연결할 수 있는 가장 좋은 방법입니다.

사람들의 삶을 개선하는 공통의 목표라니,
너무 낭만적으로 들리나요?

분기별 목표 달성이나 시장 점유율 확대 같은
실질적이고 구체적인 목표가 더 중요할 거라 생각하고 계시죠?
손에 잡히는 구체적인 목표, 물론 중요합니다.
기업이 중요하게 다루어야 할 기본적인 지표이죠.

그러나 투명성과 진정성이 중요한 지금 세상에서는
사람들의 삶을 개선하는 가장 근본적인 욕구와
기업의 진정성 있는 존재 이유를 연결하려는 목적,

'브랜드 아이디얼'이
더없이 중요합니다.

단기적인 성과를 넘어 보다 장기적인 지속 가능한 성장을 위해서는
브랜드와 고객이 공유할 수 있는
공통의 사회적 주제가 있어야 합니다.
그래야만 길고 멀리 갈 수 있습니다.

브랜드 아이디얼은 기업이 이익을 사회에 환원하는
사회적 책임과 같은 이타주의의 소극적 표현이 아닙니다.

기업의 비즈니스 성장을 추구하면서도

공동체와 함께 나아갈 수 있는 공익적인 사회 공유 가치를

동시에 만들어 내는 것입니다.

단순히 사회적인 책임이나 이타주의가 아닌

사람들의 삶을 개선하고 기업이 함께 성장하는 원대한 비전입니다.

이는 사회적으로 기업의 존재 이유를 표명하고

이를 통해 성장에 원동력을 공급하는

비즈니스의 핵심이라고 할 수 있습니다.

브랜드 아이디얼은

비즈니스를 위한 마케팅, 세일즈를 위한 영리 활동을 아울러

조직의 모든 행동에 원칙을 제공해

세상을 좀 더 좋은 곳으로 만드는

선한 영향력을 널리 전파할 수 있습니다.

잊지 마세요.

시대를 초월해 고객의 삶을 개선하는
비즈니스의 기본 원칙,
소비자를 넘어서 인간 자체에 뿌리를 둔
새로운 비즈니스의 프레임.
그것이 바로 브랜드 아이디얼입니다.

Next Generation Brand

9강 Next Generation Brand

차세대 브랜드의 원칙, 지속적인 변화와 혁신

대전환기의 차세대 브랜드

"살아남는 것은 가장 강한 종,
가장 똑똑한 종이 아니라
변화에 가장 잘 적응하는 종이다."

찰스 로버트 다윈 Charles Robert Darwin

적자생존 Survival of the Fittest

우리는 적자생존의 개념을
"강자가 이긴다",
"이기는 자가 모든 것을 가져간다"와 같은
약육강식의 개념과 비슷하게 생각하는 경향이 있습니다.

하지만 다윈이 우리에게 남긴 위대한 통찰은
환경과 세상에 가장 잘 적응한 자가 살아남고
결국 강자가 된다는 것입니다.

결국 이는 '강자가 살아남는 것'이 아니라
'살아남는 자가 강자가 되는 것'이라는 의미일 겁니다.

"변화를 이해하는 유일한
방법은 거기에 뛰어들어
함께 움직이고
함께 춤추는 것이다."

앨런 왓츠
Alan Watts
영국의 철학가이자 작가

Brand Should Evolve
브랜드 진화론

브랜드 역시 급변하는 환경 속에서 살아남기 위해
계속 진화해야 합니다.
기업이 어떤 모습으로 진화하는가는
기업의 존폐를 결정할 만큼 중요한 일이죠.
새로운 시대에 지속적으로 성공할 수 있는
새로운 생존 플랫폼이 필요합니다.
진화론은 브랜드와 기업의 생태계에서도
어김없이 적용되고 있습니다.

에어비앤비Airbnb, 테슬라, 넷플릭스, 애플, 구글, 우버처럼
눈부시게 부상하고 있는 새로운 브랜드들은
어떤 생존 법칙을 따를까요?
어떻게 강자의 위치를 차지했을까요?

브랜드를 구축하고 관리하는 플랫폼으로

'**브랜드 아이덴티티**^{Brand Identity}'가 중요했던 시기가 있었습니다.

기업과 조직 모두 '브랜드 아이덴티티'를 중심으로

브랜드 관리 기준과 원칙을 세우고 핵심 정체성을 구성했습니다.

하지만 세상이 변했습니다.

이름하여 '변화의 시대'입니다.

인터넷, 모바일, 소셜 미디어, 데이터 등의 기술 혁신으로
미디어는 우리가 상상할 수 없을 정도로 확장되어
다변화 아니, 파편화를 거듭하고 있습니다.
그리고 그로 인해 우리 삶의 모든 양상이 변했습니다.
정치, 경제, 문화, 산업 등 오늘날 우리를 둘러싼
모든 환경과 생태계 전체가 다 변해 버렸습니다.
끊임없이 새로운 기술과 매체가 나타나
'변화가 생활 그 자체인 세상'에 살고 있는 것입니다.

그런데,
인간의 본성은 변화를 두려워합니다.

이 두려움의 정체는 무엇일까요?

변화하는 세상에서 우리가 가진 가장 기본적인 두려움은
'불확실성'일 겁니다.

일반적으로 우리는 불확실성을 회피하고 확실한 것을 선택합니다.

하지만 세상이 급변하면서 그 불문율이 깨졌습니다.

기존에 해 오던 확실한 선택이 무용지물이 되어 버렸습니다.

우리는 변화하는 환경에 맞추어

매일매일 새로운 선택과 결정을 해야 합니다.

브랜드도 마찬가지입니다.

기존의 안정적인 규칙을 따르고 그것에 머무르는 것이 아니라

새롭게 변화된 세상에 맞추어 적응하고

새로운 룰을 만들고 확장하며

스스로 변신해야 합니다.

변화의 환경에서는 아무리 좋은 원칙을 세워도 소용이 없습니다.

새로운 기술과 정보가 빠르게 세상을 바꾸고 있기 때문입니다.

'어제의 좋은 것'이 '내일의 좋은 것'이라는 보장이 없어진 것입니다.

원칙과 기준을 세워도 몇 년 아니, 몇 달이면

무용지물이 되기 십상입니다.

이제 '브랜드 아이덴티티'는 문서로만 존재하는
골동품이 되어버렸습니다.

이제 세상 화두의 중심은 단연 '혁신'입니다.
'어떻게 우리의 자산을 유지하고 보호할지'보다
'어떻게 새로운 변화를 품을 수 있을지'가
더 중요한 시대를 살고 있습니다.
변하지 않는 규칙에 목매는 것보다
세상의 변화에 유연하게 대처할 수 있는
혁신 가이드가 필요한 때입니다.

브랜드 혁신의 패러다임 변화는 크게 보면
정체성에서 동태성으로의 변화,
메시지와 이미지에서 실체와 경험으로의 변화,
기술 혁신에서 라이프 스타일 혁신으로의 변화
세 가지로 정리할 수 있습니다.

브랜드 혁신 패러다임

#1. 정체성(正體性)에서
동태성(動態性)으로

그 첫 번째는
정체성에서 동태성으로의 패러다임 변화입니다.

우리는 브랜드를 규정하고 관리하는 정체성의 시각에서 벗어나
상황에 맞춰 유연하게 변화하는 동태성의 시각으로
패러다임을 전환해야 합니다.

이것은 브랜드 중심에서 사람 중심으로의
패러다임 전환이기도 합니다.

· 브랜드 혁신 패러다임 ·

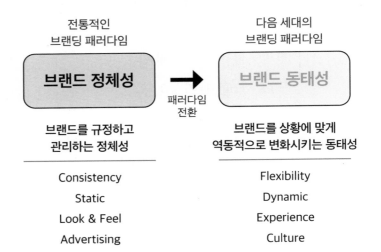

전통적인 브랜딩 패러다임	다음 세대의 브랜딩 패러다임
브랜드 정체성	브랜드 동태성
브랜드를 규정하고 관리하는 정체성	브랜드를 상황에 맞게 역동적으로 변화시키는 동태성
Consistency	Flexibility
Static	Dynamic
Look & Feel	Experience
Advertising	Culture

패러다임
전환

즉, 기존에 해왔던 기업과 브랜드 중심이 아니라
소비자와 사람을 중심으로 그들의 삶에 녹아들 수 있는
보다 유연한 접근의 전환이 필요합니다.
변화무쌍한 사람들의 삶 속에서
어떤 영역의 어떤 의미, 어떤 역할을 담아낼지가 중요한 것이죠.

에어비앤비, 레드불Redbull, 넷플릭스, 애플, 이케아, 우버 등의
차세대 브랜드들은 브랜드 정체성을 대변하는
아이덴티티, 일관성, 이미지, 광고라는 기존의 법칙을 깨고
브랜드 동태성이라는 흐름을 주도하면서
새롭게 성공 법칙을 쓰고 있습니다.
역동적 변화, 유연함, 경험, 문화라는
새로운 법칙을 통해 눈부시게 성장하고 있는 것이죠.

브랜드는 이제
기존에 쌓아온 '일관성Consistency'으로 구축되지 않습니다.
일관성은 브랜드 아이덴티티 시대의 전형적인 산물입니다.

모든 마케팅을 하나처럼 보이게 하는 데 목적이 있죠.

사람들에게 한 가지 정면만을 바라보게 합니다.

우리는 한때 통합 마케팅 커뮤니케이션,

다른 말로 'IMC^Integrated Marketing Communication'에 현혹되어

모든 매체에서 '하나의 목소리'를 내야 하는 것처럼 떠들었습니다.

언제 어디서나 똑같은 이야기와 똑같은 모습으로

하나의 차원만을 보여주려 했습니다.

일관성이 브랜드를 통제하는 좋은 방법이 될 수는 있지만,

경직되고 단조로운 인식을 형성하는 단점이 될 수도 있습니다.

일관성만을 강조하면,

역동성과 다양성을 잃고

새로움을 추구하는 자유가 사라집니다.

반면, 위대한 브랜드는 일관성을 크게 신경 쓰지 않습니다.

그들은 사람처럼 진실과 진심에 집중하고

'진정성'을 목표로 둡니다.

'진정성'을 가진 기업은 다양성과 변화를 두려워하지 않습니다.
오직 거짓을 이야기하는 자만이 일관성에 신경을 쓰죠.
본인이 하는 말에 하나하나 연연하고 비교해가며
어디 틀린 곳이 없는지 집요하게 따집니다.
하지만 진정성을 가졌다면,
더 큰 목표에 집중하고 맥락과 상황에 따라
유연하게 대처할 수 있습니다.

문제는 마케팅과 브랜딩 역시
기존에 해오던 습관과 관습에
머물러 있다는 것입니다.

아인슈타인은 이 같은 행동을 보고
"다르기를 바라면서 항상 같은 일을
반복하는 것은 미친 짓이다"라고 말했습니다.

우리는 세상이 변했음에도
모든 브랜드 문제와 정체성을
기존의 브랜드 아이덴티티 프레임 중심으로
규정하고 관리하려고 합니다.
문제를 아이덴티티, 이미지, 메시지,
USP^{Unique Selling Proposition}(차별화된 강점을 전달하는 것)로 국한시켜
그 틀 안에 맞추려고 합니다.

아이러니하게도 정체성이 브랜드의 정체를 만들어 버렸습니다.

우리는 정체성이라는 강을 건너 동태성의 거대한 바다에 뛰어들어
더욱 다양하고 다채로운 흐름을 포용할 수 있어야 합니다.

#2. 메시지와 이미지에서
실체와 경험으로

혁신 패러다임 두 번째는 메시지와 이미지에서
실체와 경험으로의 전환입니다.

코카콜라Coca-cola, 말보로Marlboro, 맥도날드Mcdonald's와 같이
이전 세대를 대표하는 브랜드들은
이미지 광고를 기반으로 구축되었습니다.
그런데 세상이 변해버렸습니다.
메시지와 이미지를 중심으로 브랜딩하는
그런 시대는 지나버렸습니다.

차세대 브랜드는 결코 추상적인 이미지가 아닙니다.
구체적인 실체와 제품에서부터 시작합니다.
앞에서 언급한 차세대를 리딩하는 브랜드들은
출발 자체가 다릅니다.

이미지와 메시지에 얽매이지 않습니다.

위대한 제품과 서비스 아이디어에서 시작해
새로운 실체들로 지속적인 혁신을 만들어 갑니다.
애플의 '아이폰'처럼,
아마존의 '알렉사Alexa'처럼,
테슬라의 'Model S'처럼,
최상의 제품과 서비스 그 자체가 핵심이고
혁신의 경험이 모든 것을 결정합니다.
아무리 좋은 이미지와 메시지라도
만족스러운 실제의 경험을 대체할 수 없기 때문입니다.

모든 것은 실제의 경험이 주도합니다.
실체의 경험을 통해 고객의 삶에 더 가까이 다가갈 수 있습니다.
어디에도 이미지를 위해 존재하는 것은 없습니다.

기존의 이미지와 메시지 방식으로
체험 프로그램이나 유저 팬 커뮤니티, 유튜브 방송 등의
새로운 브랜드 활동들을 설명할 수 있을까요?

브랜드는 더 생생하고 다양한 활동을 통해
소비자 삶의 일부로 변화하고 있습니다.
아무리 차별화된 메시지를 던져도,
아무리 멋진 이미지를 가져도,
아무리 좋은 정체성을 지녀도,
괄목할 만한 실체와 행동이 없으면 무용지물입니다.

이제는 더 이상 메시지 중심의 이미지 브랜딩이
통하지 않는 시대입니다.
그럴싸한 이미지로 혁신적인 제품의 실체를 대신할 수 없습니다.

지속적인 실체의 혁신과 그 경험이
브랜딩의 새로운 핵심이 되어야 합니다.

#3. 기술 혁신에서
라이프 스타일 혁신으로

우리가 일반적으로 이야기하는 혁신은 기술의 혁신입니다.
전구, 전화기, TV, 인터넷, 스마트폰, 모빌리티…
그 중심에는 기술의 혁신이 있습니다.

하지만 혁신은 기술에만 국한되지 않습니다.
핵심은 사람들의 삶과 생활 그리고 라이프 스타일에 있습니다.
기술이 가져온 삶의 변화,
생활의 변화, 라이프 스타일의 변화에서
진정한 변화와 혁신의 의미가 만들어집니다.

인류사에서 가장 가치 있는 혁신이
무엇이라고 생각하시나요?

혹자는 '세탁기의 발명'이라고 합니다.
그것이 스마트폰, 인터넷 등의 첨단 기술 혁신보다
더 중요한 역사적 의미를 지녔다고 말합니다.

세탁기가 여성을 가사 노동에서 해방시켜
빨래를 하는 시간에 더 가치 있는 일을 할 수 있도록
날개를 달아 주었기 때문입니다.
삶의 가치가 한층 더 높아진 거죠.

이처럼 진짜 의미 있는 혁신은
궁극적으로 사람들의 삶을 풍요롭게 합니다.
기술의 진보 여부와는 아무 상관없습니다.
진정한 혁신은 **새로운 라이프 스타일을 만드는 변화**입니다.

브랜드는 이제 더욱 적극적으로
사람들이 가치 있고 풍요로운 삶을 살 수 있도록
기존에 없던 새로운 라이프 스타일을 창조해야 합니다.

저는 이것을 라이프 스타일 혁신Lifestyle Innovation이라고 정의합니다.

제품 혁신이 아니라,

기술 혁신이 아니라,

새로운 삶의 양식을 만드는 혁신.

그것이 우리가 지향해야 할 혁신의 최종 목표점입니다.

라이프 스타일 혁신은 인간의 본성과 맞닿아 있습니다.

사람들은 새로운 것에 주목하고 본능적으로 끌려 합니다.

새로운 라이프 스타일이 등장하면 주목과 관심을 받고

이전의 것은 이내 사라집니다.

새로운 라이프 스타일 코드는 기존의 문화 코드와 맞물려

조합과 융합을 거듭합니다

그리고 새롭게 활성화되고 확산되어 세상으로 퍼져 나갑니다.

마치 살아있는 생명체처럼 진화를 거듭합니다.

문화가 그렇듯이 말이죠.

브랜드는 라이프 스타일 혁신의 중심에서 역동적으로 성장합니다.
그런 의미에서, 이 시대의 브랜드는
새로운 라이프 스타일을 주도하는
문화적 리더십Cultural leadership을 가져야 합니다.
브랜드는 문화를 만들어 가는 구심점이어야 합니다.
광고를 넘어서서 비즈니스 전체를 포괄하고
삶의 문화를 담아내는 플랫폼 역할을 해야 합니다.

그림에 비유하자면
이 시대의 브랜드는 미술 작품 그 자체라기보다는
작품을 담는 프레임, 아니 그보다 더 큰 범위에서
작품들을 전시하는 미술관에 가깝습니다.
이 시대의 브랜딩은 하나하나의 그림이 아니라
총체적인 미적 경험을 지향해야 하고,
더 크게는 이를 포괄하는 미적 양식과 문화에 가까워져야 합니다.
브랜드가 문화 체험의 플랫폼이어야 하는 것이죠.

자, 이제 정리해 보겠습니다.

지금까지 세 가지의 브랜드 혁신 패러다임을 살펴보았습니다.

브랜드 혁신 패러다임#1. 정체성(正體性)에서 동태성(動態性)으로
브랜드 혁신 패러다임#2. 메시지와 이미지에서 실체와 경험으로
브랜드 혁신 패러다임#3. 기술 혁신에서 라이프 스타일 혁신으로

좀 더 구체적으로는

원칙 유지에서 역동적인 변화로,

일관성에서 유연성으로,

이미지 제안보다는 실체의 경험으로,

일방적인 광고보다는 총체적 문화와 라이프 스타일로.

브랜드를 바라보는 관점의 근본적인 대전환이 필요합니다.

Contextual Branding

10강 Contextual Branding

대전환기의
차세대 브랜딩 방법론

Age of Context
콘텍스트의 시대

이것은 무엇일까요?

소변기일까요?

작품일까요?

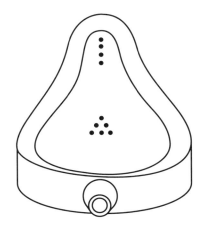

너무 유명해서 잘 아시겠지만,
당시 미술계를 뒤흔든 마르셀 뒤샹Marcel Duchamp의 '샘Fountain'입니다.
실제로 이 변기는 뒤샹이 위생용품점에서 구매해
뉴욕 전시회에 제출한 것이라고 합니다.
생활 공간에서는 변기에 불과했지만
미술관에 가져다 놓으니 예술 작품이 된 것이죠.

사람들은 어리둥절했을 겁니다.

어제의 변기가 오늘의 예술 작품이라니…

무엇 때문일까요?

일단 물리적으로 공간이 바뀌었습니다.
하지만 단지 그것만은 아닙니다.

"콘텐츠가 왕이라면
콘텍스트는 신이다."

게리 바이너척
Gary Vaynerchuk

일상이라는 콘텍스트에서는 하나의 변기에 불과하지만
미술관이라는 새로운 콘텍스트에 놓으니 예술 작품이 된 것입니다.
미술관이라는 콘텍스트의 아우라가
변기를 예술 작품으로 변신시킨 겁니다.

변기가 놓인 맥락이 바뀌고
새로운 의미가 부여된 것이죠.
완전히 다른 존재가 된 겁니다.

그렇다면, 우리는 대상의 본질을 어떻게 규정할 수 있을까요?
대상 그 자체를 명확히 파악하는 것과
대상을 둘러싼 세상 전체를 조망하는 것 중
어떤 것이 더 중요할까요?

보통 우리는 목표로 하는 대상을 중심으로
관찰하고, 파악하고, 분석하고, 규정합니다.

하지만 그 대상이 고정되어 있지 않고
빠른 속도로 움직이거나 변한다면 어떨까요?
움직이는 대상과 변하는 실체를
규정할 수 있는 방법은 무엇일까요?
더욱이, 변하는 속도가
우리가 물리적으로 따라잡을 수 없는 속도라면
어떻게 해야 할까요?

만약 이러한 상황이라면
대상 자체를 중심으로 사고하는 것은 아무 의미 없을 겁니다.

순간순간 변하기 때문이죠.
주변에 따라 의미도 바뀔 겁니다.
이런 상황에서는 나무를 보는 것이 아니라 숲을 봐야 하고
숲으로도 전체를 파악하지 못한다면
더 큰 그림Big Picture을 보기 위해 전체적인 환경을 조망해야 합니다.

특히 지금처럼 급변하는 대전환의 시대에
빠른 속도로 움직이는 실체를 규정하려면,
현재 우리가 대상을 파악하는 방법과는
완전히 다른 방식으로 접근해야 할 겁니다.

한걸음 더 들어가 보면,
우리의 생각은 고정된 것이 아닙니다.
같은 대상을 보고도
주어진 상황과 맥락에 따라 달라지는 것입니다.
사람들은 동일한 풍경을 보고도
각자가 처한 맥락에 따라 각기 다른 이야기를 하게 됩니다.
생각은 아무것도 없는 진공 상태에서 일어나는 것이 아니라
특정 맥락 하에서 일어나는 것이죠.
이처럼 우리는 대상을 있는 그대로 보는 것이 아니라
콘텍스트에 따라 달리 봅니다.

Context Changes Everything

처한 환경과 맥락이 그 대상을 결정하는 것입니다.

어떠한 맥락을 가지고 있느냐에 따라
볼 수 있는 것과 볼 수 없는 것이 처음부터 결정되는 것입니다.

이렇게 콘텍스트가 모든 것을 바꿉니다.

콘텍스트는 우리가 보고, 느끼고, 생각하는 과정을 지배합니다.
이처럼 우리를 둘러싼 환경,
즉 콘텍스트가 대상을 보는 방식을 결정합니다.
콘텍스트가 다르면 같은 것도 다르게 됩니다.

이제 본격적으로 브랜드 이야기를 해보죠.
같은 브랜드도 맥락이 다르면 완전히 다른 브랜드가
될 수 있습니다.

특히, 급변하는 대전환기에는
맥락이 모든 것을 결정합니다.

브랜드라는 대상보다는 브랜드가 처한 콘텍스트가
브랜드를 규정하는 것이죠.

Brand Identity vs Brand Context

Brand Identity:
브랜드 자체를 규정하고 관리하려는 정체성
우리는 항상 '브랜드 아이덴티티'라는 프레임을 통해
브랜드를 바라봅니다. 대상에 집중하는 것이죠.
세상이 변했지만 우리는 아직도 브랜드의 모든 문제를
정체성 규정과 관리를 통해 해결하려고 합니다.
브랜드가 지향해야 할 핵심 가치를 규정하고
이를 모든 상황에서 일관성 있게 전달하려
규칙을 세우거나 관리하는 것에만 매몰되어 있습니다.

그런데 이런 시각으로 시시각각 변하는 세상과
브랜드의 실체를 모두 담아낼 수 없는 것이 사실입니다.
이제 우리는 브랜드 아이덴티티 중심의
일관성, 정체성이라는 패러다임에서 벗어나야 합니다.

Brand Context:
브랜드의 상황에 맞게 역동적으로 변화하는 동태성
대전환기에 있는 우리는 브랜드 아이덴티티를 뛰어넘어
새로운 변화의 물결에 올라타야 합니다.
새로운 파도의 흐름에 몸을 맡기고 상황에 맞게
유연하게 대처할 수 있어야 합니다.
새로운 시대에 맞는 새로운 옷으로 갈아입어야 하는 것이죠.
바로 전 장에서 브랜드가 상황에 맞게 유연하게 변화해야 한다는
동태성의 패러다임을 말씀드렸습니다.

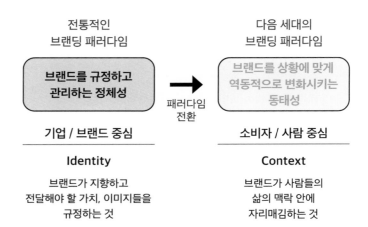

이번 장에서는 급변하는 동태성 패러다임에서

열쇠가 되는 솔루션, 그 답을 찾아보려고 합니다.

그 중심에는 바로 '콘텍스트'가 있습니다.

순간순간 변하는 실체를 파악할 수 있는

최적의 방법론이기 때문입니다.

여기서 콘텍스트는

시간과 공간, 채널, 인터페이스, 플랫폼을 넘어서는 개념입니다.

모든 콘텍스트는 물리적인 환경을 뛰어넘어

우리가 살고 있는 삶의 사회적, 문화적 맥락을 포괄해야 합니다.

Data + Brand = Context

그렇다면 디지털 대전환기의 콘텍스트는 무엇을 의미하는 걸까요?

데이터 시대의 우리는 어떻게 해야

콘텍스트를 파악할 수 있을까요?

빅데이터 시대에는 모두가 흔적을 남기게 되어 있습니다.

데이터는 곧 모두의 '삶의 흔적'입니다.

우리는 빅데이터를 통해 수많은 사람들의 다채로운 삶의 흔적들을

아니, 삶 그 자체를 있는 그대로 파악할 수 있게 되었습니다.

지금은 과거와 다르게 기업의 고객 CRM, 서베이뿐 아니라
웹, 앱, SNS 등 수많은 디지털 세계 속 사람들의
관심사와 일상, 대화까지 모두 데이터화되고 있습니다.
소비자들은 다양한 미디어 채널을 통해
자신의 생각과 일상을
글과 사진, 영상으로 스스로 남기고 공유합니다.
바꾸어 말하면 사람들의 삶 그 자체가 기록되고 있는 셈이죠.

역설적으로 우리는 이를 통해 총체적인 삶의 콘텍스트를
한눈에 관찰할 수 있게 되었습니다.
과거에는 조사나 인터뷰로 삶의 단편을
파악하는 수준에 머물렀다면
현재에는 구체적이고 상세한 '삶의 전체 맥락'까지
도달이 가능하게 됐습니다.
데이터를 통해 '소비자들의 삶의 맥락'을,
더 구체적으로는 '브랜드와 함께 엮어진 삶의 맥락'을
낱낱이 파악할 수 있게 된 것이죠.

이제 우리는 보다 생생하고 리얼하게, 그리고 넓고 다양하게,
브랜드와 사람들 삶의 맥락을 이해하고 통찰할 수 있습니다.

데이터와 브랜드의 결합으로
브랜드와 소비자 삶의 맥락이라는
통찰력 넘치는
마스터키를 갖게 된 셈입니다.

기존의 고객 데이터와 조사 데이터 중심의 단편적 이해를 넘어
소비자들의 일상과 삶의 데이터까지,
이 모두를 아우르는 총체적인 콘텍스트 인사이트를
도출할 수 있게 된 것입니다.

대전환기의 차세대 브랜딩 방법론:
Data-Driven
Contextual Branding

대전환기 우리의 삶 역시 급변하는 세상의 변화와 함께 움직입니다.
하루하루의 일상의 삶이
보다 역동적이고 다채롭게 변화되고 있습니다.
그리고 이제는 사람들의 삶 속에서 그들과 함께 살아 숨 쉬는,
지속적인 변화와 혁신이 가능한 브랜딩 플랫폼이 필요합니다.

콘텍스트 브랜딩Contextual Branding은 실시간으로 변하는 소비자들의
삶의 맥락을 분석하고 솔루션을 주기 위한 방법론입니다.

이를 완성하기 위해서는 우리의 관점을
기존의 기업과 브랜드 중심이 아니라
소비자와 사람 중심으로 재편해야 합니다.
이를 통해 브랜드가 소비자 삶의 맥락 안에 자리매김하고,
다채로운 그들의 일상과 함께 해야 합니다.
사람들과 그들의 삶의 맥락에 녹아드는 유연한 접근으로
라이프 콘텍스트 속에 브랜드의 위치와 범위,
의미와 역할을 만드는 총체적 접근이 필요한 것이죠.

빅데이터를 중심으로 소비자 일상의 맥락에서
브랜드 콘텍스트와 라이프 콘텍스트를 동시에 파악하고,
브랜드와 소비자가 연결되는 순간과 이를 확장할 수 있는
핵심 콘텍스트를 도출하는 방법론입니다.

· 데이터 드리븐 콘텍스트 브랜딩 모델 ·

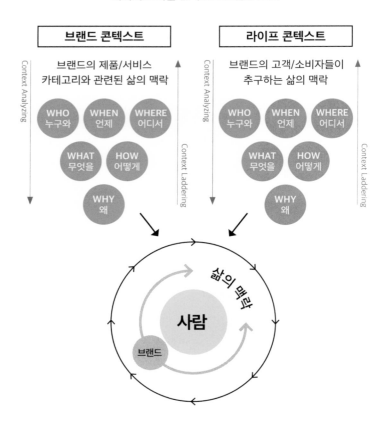

콘텍스트 브랜딩의 접근 방식을 좀 더 구체적으로 살펴볼까요?

Multi-Dimension

콘텍스트 브랜딩은 다차원적입니다.
콘텍스트 브랜드는 그냥 단순한 타기팅 관점에서 벗어나
다양한 맥락을 포괄합니다.
시간, 장소, 플랫폼과 같은 다층적인 스펙트럼을 가져야 합니다.
인구 통계적 프로파일을 넘어서서 심리학적,
사회문화적 맥락과 같은 더욱 폭넓은 콘텍스트를 탐험해야 합니다.

Frame of Context

다차원적인 콘텍스트 창출을 위해서는
시간 프레임, 공간 프레임, 감정 프레임, 생각 프레임 등등
콘텍스트를 보는 다양한 시각이 필요합니다.
'시간, 장소, 활동, 방법, 타깃, 니즈'라는 다층적인 프레임으로
'누가, 언제, 어디서, 무엇을, 어떻게, 왜'라는
일상의 흔적을 엿볼 수 있습니다.

Experimental

콘텍스트 브랜딩은 실험적입니다.

콘텍스트는 어느 요소 하나가 독립되어 존재하는 것이 아닙니다.

콘텍스트는 다양한 것들이 서로 엮여

복잡한 상호 작용으로 만들어집니다.

규칙이 존재하지 않습니다.

여기서 새로운 브랜딩의 기회를 포착할 수 있습니다.

어느 하나가 아니라 서로 다른 것들을 넘나들며

이전에 해보지 못했던 대담한 생각과 새로운 실험이 가능해집니다.

그리고 이를 통해 새로운 콘텍스트와 연결하여

무한히 확장할 수 있습니다.

Change the Rule

콘텍스트는 게임의 룰을 바꿉니다.

브랜드의 독특하고 차별화된 가치를 사람들의 기억에 남기려면

장점만을 내내 떠들게 아니라

자신이 돋보일 수 있는 새로운 맥락을 창출해야 합니다.

지금 가지고 있는 아이디어를 내려놓고 세상을 바라보면
그 아이디어가 세상과 연결되는 새로운 지점을 찾을 수 있으며,
삶과 만날 수 있는 의미 있는 콘텍스트 또한 창출할 수 있습니다.

결론적으로 콘텍스트 전략의 목표는
브랜드가 자신만의 고유한 콘텍스트를 규정하고
이를 확장시켜 브랜드만의 콘텍스트를 창조하는 것입니다.

우리 스스로가 이야기의 주인공이 되어
돋보일 수 있는 맥락을 만들고
그것을 삶의 맥락과 연결하는 내러티브를 활용해
고객과 일상을 공유할 수 있는
라이프 스토리 플랫폼을 만들어야 합니다.

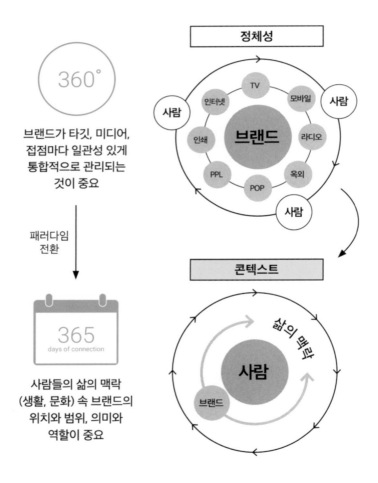

360°

브랜드가 타깃, 미디어,
접점마다 일관성 있게
통합적으로 관리되는
것이 중요

패러다임
전환

정체성

사람

인터넷   TV   모바일

인쇄   브랜드   라디오

PPL   옥외

POP

사람

사람

콘텍스트

365
days of connection

사람들의 삶의 맥락
(생활, 문화) 속 브랜드의
위치와 범위, 의미와
역할이 중요

삶의 맥락

사람

브랜드

360 vs 365

소위 '360도 캠페인'이 대유행이던 때가 있었습니다.

이는 360도로 소비자를 전방위로 포위하는 전략이라

할 수 있습니다.

브랜드가 타깃과 미디어, 접점마다 모두 동일하고 일관성 있게

통합적으로 관리하는 것이 목적입니다.

모든 곳에서 단일한 목소리와 하나의 이미지로

보여지고 싶은 것이죠.

365는 360보다 5만큼 큰 숫자를 의미하는 것이 아닙니다.

365는 사람들과의 관계 맺기에서

360과는 근본적인 차이를 보입니다.

365일 24시간 내내 소비자와 대화하는 것이 과제입니다.

대전환기 변화의 중심인 디지털, 모바일, 소셜 네트워크의

3종 세트가 이를 가능케 했습니다.

하나의 목소리, 하나의 이미지를 반복하는 것이 아니라

다양한 콘텐츠를 잘게 썰어서 bite-size contents

소비자들의 삶으로 들어갑니다.

소비자들의 일상과 지속적으로 만나면서
다양하고 다채로운 모습을 실시간으로 공유하고
사람들의 라이프 콘텍스트에서
브랜드의 위치와 의미, 역할을 만들어 가는 것입니다.
브랜드와 삶을 연결하는 일상의 순간을
새롭게 만들고 확대하는 것이 전략적인 목표입니다.

정리하면,
차세대 브랜드는 하나의 단일한 아이덴티티와 메시지에 집중해
모든 곳에서 하나의 목소리를 내는 것이 아니라
다양하고 생동감 있는 실체와 활동들을 조합해서 만들어진
브랜드 콘텍스트를 통해 진화합니다.
가장 이상적인 것은 **브랜드와 연결된**
라이프 콘텍스트 자산을 소유하는 것입니다.

나이키는 새로운 운동 라이프 콘텍스트를,
에어비엔비는 '살아보는 것'이라는 여행에 대한
새로운 담론을,
애플은 세상에 없는 새로운 것을 만드는
창조자들의 문화를 확장해 나가고 있습니다.

차세대 브랜드는 그들만의 콘텍스트를 창조해
우리 삶의 새로운 면을 부각하고,
남다른 제품과 서비스로
다채로운 삶과 라이프 스타일을 만들어가고 있는 것입니다.

구체적으로 나이키와 테슬라의 예를 들어 볼까요?

나이키는 단순히 'Just do It'이라는
캠페인 슬로건만 내거는 것이 아닙니다.
조깅과 달리기를 통해 콘텍스트를 만들고,

'위 런 런던We Run London', '위 런 서울We Run Seoul' 등의
10km 마라톤 이벤트를 매해 세계 전역에서 개최하고,
달리기를 싫어하는 사람들의 관심을 끌어
모두 달리기에 동참하도록 만듭니다.

더욱 놀라운 것은,
신체 활동을 모니터링하는 퓨얼 밴드Fuel Band의 개발을 시작으로
애플과 '나이키 애플워치'를 합작하였고,
이를 통해 운동을 생활의 중심으로 만들었다는 것입니다.
최근 코로나 팬데믹 상황에는 디지털 트랜스포메이션을 추진하여
자사의 디지털 스토어를 강화하고,
런 클럽Run Club과 트레이닝 클럽Training Club을 결성했습니다.
나이키의 이러한 플랫폼은 커뮤니티를 형성해
사람들을 더욱 단단히 결속시키는 역할을 하고 있습니다.

이들은 더 이상 메시지와 이미지로 브랜딩하지 않습니다.
애플과 공동 개발한 나이키 애플워치 같은
혁신적인 실체들을 만들어 내고,
런 클럽과 같은 커뮤니티 활동들을 통해 실제 체험들을 공유하고,
'달리기'라는 새로운 라이프 콘텍스트를 구심점으로
소비자들의 삶에 더 가까이 다가가고 있습니다.

전기차의 미래를 연 **테슬라**는

단순히 환경을 생각하는 지속 가능한 에너지로의 전환이 아니라

'세상에서 가장 섹시한 스포츠 세단'이라는

매력적인 프리미엄 EV$^{\text{Electric Vehicle}}$,

즉 자신만의 콘텍스트를 새롭게 창조했습니다.

테슬라를 사는 사람들은

세상에서 '가장 멋진 스포츠 세단'을 타면서도

환경을 생각하고 지속 가능성을 추구하는

의식 있는 사람이 되는 겁니다.

테슬라는 소비자들에게 이러한 브랜드 비전을

확실히 전달하면서도 광고를 하지 않는 것으로 유명합니다.

테슬라는 '모델 S', '모델 3', '모델 X', '모델 Y'로 이어지는

전기차 모델 라인업을 통해 'SEXY' 라는 아이콘을 완성하고

브랜드 콘텍스트를 실제 제품들로 구현했습니다.

모델 S에는 인세인Insane과 루디크러스Ludicrous라는,
일반적인 차량에는 볼 수 없는 놀라운 주행 모드가 있는데요.
자동차가 정지 상태에서 시속 100km까지 도달하는 시간인
'제로백'이 2.7초에 불과한 미친 속도의 슈퍼카 콘텍스트를
리얼하게 체험할 수 있습니다.

이처럼 콘텍스트 브랜딩은 이미지와 메시지보다는
변화무쌍한 활동과 생동감 있는 실체들로 구성됩니다.
고객의 삶에 녹아드는 행동과 습관, 커뮤니티, 팬, 체험을 통해
브랜드의 라이프 콘텍스트가 사회적 통화처럼
자연스럽게 유통되고 공유되는 것이죠.

이제 급변하는 시대에 브랜드가 살아남는
새로운 변화의 방향성이 보이시나요?
그렇다면 우리는 어떠한 방향성을 가지고
변화의 시대를 항해할 수 있을까요?
어떻게 하면 콘텍스트 브랜드로 도약할 수 있을까요?

Strategic Context
Code Mix
전략적 콘텍스트
코드를 조합하라

결론적으로,

대전환기에 콘텍스트 브랜드로의 대변신을 달성하기 위해서는

다수의 전략적인 콘텍스트 코드Strategic Context Code를 만들고

확장해 나가야 합니다.

브랜드는 다양한 실체와 활동으로

새로운 일상의 순간들을 지속적으로 만들어

늘 신선한 충격으로 다가가야 합니다.

주목받는 다양한 일상들을 모아서 더 큰 맥락을 형성하고
소비자들과 의미 있는 삶의 콘텍스트를 공유해야 합니다.
새로운 콘텍스트를 기존의 브랜드 콘텍스트와 연결하고 확산시켜
서로 넘나들며, 새로운 라이프 스타일 트렌드를
주류로 부상시켜야 합니다.

끊임없이 색다른 콘텍스트를 생성해
실체를 중심으로 늘 새롭게 변화해 가는 것이
이 시대에 맞는 진짜 브랜드 트랜스포메이션입니다.

Epilogue

데이터와 브랜드의 낮선 만남

어떠셨나요?

"데이터 시대인데 데이터 그 자체는 중요하지 않다"
"대전환기 브랜드는 살아남기 위해 끊임없이 진화해야 한다"

데이터와 브랜드,
이 둘의 존재를 부정하는 생각,
그리고 급변하는 세상에서 생존하기 위한 지속적인 변화와 혁신,

조금은 아찔하게 들렸을지도 모르겠습니다.

하지만 지금 벌어지고 있는 시대의 변화를 정면으로 마주하면
그다지 과격해 보이지 않습니다.

포스트 코로나, 대전환의 시대, 뉴노멀

코로나 팬데믹은
정치, 사회, 문화, 비즈니스 그리고 일상의 삶까지
우리의 모든 것을 바꾸어 놓았습니다.

지금 이 책을 쓰고 있는 동안에도
세상은 급변하고 있습니다.

영원할 것 같았던 수많은 것들이 단숨에 사라지고
당연한 것들이 당연하지 않게 된 지 오래입니다.

그리고
디지털, 비대면, 온택트, 재택근무, 화상 회의, 새벽 배송과 같이
새로운 것들이 일상을 채우고 있습니다.

표면적인 변화들을 넘어서

이제는 상상을 초월한 어마어마한 일들이

벌어지고 있다는 것을 우리는 직감합니다.

거대한 패러다임 전환기의 시작점에 있는 것입니다.

우리는 이러한 상황 아래에서도

예전 그대로의 성공 방식을 고수하고 있습니다.

하지만 기존 방식으로 새로운 묘책을 찾는 것은

이제 불가능합니다.

내일의 패러다임 전환을 주도하기 위해서는

총체적인 세계관의 변화가 필요합니다.

이 책을 통해

데이터와 브랜드의 대혁신과 이 둘의 결합이

패러다임 전환의 문을 열어 줄 마스터키라고 감히 말씀드립니다.

브랜드 그 자체로는 더 이상 문제를 해결하기 어렵습니다.
브랜드 중심 사고는 정체성과 일관성에 매몰되어
이내 정체되고 맙니다.
데이터 그 자체로도 마찬가지입니다.
수많은 데이터는 복잡하고 무작위한 패턴을 보여줄 뿐입니다.

급변하는 대전환 시기의 우리에겐
지금의 브랜드보다 더 리얼한 솔루션이,
지금의 데이터보다 더 의미 있는 해답이,
절실하게 필요합니다.

브랜드와 데이터를 넘어
우리가 살아 숨 쉬는 실제 삶의 모든 단면과 연결할 수 있는
새로운 플랫폼이 필요합니다.

우리가 당면한 진짜 문제를 해결하는 혁신의 종착지는
브랜드 중심이 아니라,
데이터 중심이 아니라,

결국 언제나 사람 중심,
인간 본연의 것,
삶 그 자체여야 합니다.

그리고
우리는 그들의 삶 속으로 들어가
빛나는 일상의 모든 마디마디에 파고들어야 합니다.

이것이 유일하게 가능한 플랫폼이
바로 콘텍스트입니다.

콘텍스트의 중심은

브랜드가 아니라,

데이터가 아니라,

사람들이 살아 숨 쉬는 리얼한 일상입니다.

콘텍스트 안에서

브랜드와 소비자는 하나의 스토리가 되고

브랜드는 소비자 삶의 일부분이 됩니다.

콘텍스트 안에서

데이터와 소비자는 하나가 되고

데이터는 소비자들과 실시간으로 소통하는 도구가 됩니다.

저는 콘텍스트가

새로운 패러다임을 주도할 수 있는

최상의 무기가 될 거라고 감히 말씀드립니다.

데이터 트랜스포메이션과 브랜드 트랜스포메이션,
이중 대전환이 합체되는 그 지점에
바로 콘텍스트가 있기 때문입니다.

콘텍스트,
이것이 제가 최종적으로 제안하는
차세대 데이터와 브랜드의 역할론입니다.

데이터와 브랜드를 결합할 수 있는 최상의 조합,
콘텍스트 플랫폼이
브랜드와 데이터의 미래가 될 겁니다.

The Greatest End is a New Beginning

이제 이 책과 함께한 여정에 종착지가 보입니다.
그러나 끝이어도 끝이 아닙니다.

'가장 위대한 끝은 새로운 시작'이라고 하죠.
이 책은 여기가 끝이지만, 여러분에게는 끝이 아닙니다.

이제 여러분의 시작입니다.

바로 지금, 오늘이
여러분의 브랜드가 그리고 데이터가
다시 시작하는
새로운 첫날이 되기를 기대합니다.

Now is Your Time to Rethink and Rework

숨겨진 비법은 없습니다.

데이터를 넘어서서
문제의 틀을 다시 규정하고,
가설로 사고 실험을 하며,
조사가 아니라 수사로 진짜 문제를 해결하고,
단조로운 분석에서 매력적인 스토리로 전환하는.

브랜드를 넘어서서
변화와 혁신을 단행하고,
변화무쌍한 불확실성과 함께 춤추며,
사람들의 삶과 함께 호흡하고,
자신만의 유일한 콘텍스트를 창조하는.

어제를 넘어서서
거친 바다를 헤치며 항해하고,
아무도 가지 않는 길을 담대하게 나아가는,
세상에 흩어진 의미 있는 점들을 연결해서
삶을 행복과 풍요로 가득 채우는.

그래서

대전환 시대에 대담한 생각으로 새롭게 도약하여

세상을 바꾸는 선한 영향력을 발휘하는.

현재의 잠재력을 깨워서 그냥 좋은 것을 넘어 위대함으로

우주에 의미 있는 흔적을 남기는.

새로운 첫날,

그날을 마주하시기를 기대합니다.

"Let's start with
the New Day One."

데이터 브랜딩

대전환 시대, 데이터는 어떻게 브랜드의 무기가 되는가

초판 발행일 2021년 4월 12일
1판 3쇄 2022년 3월 18일
펴낸곳 유엑스리뷰 **발행인** 현호영
지은이 김태원
디자인 임림
주소 서울특별시 마포구 월드컵로1길 14, 딜라이트스퀘어 114호
팩스 070.8224.4322 **이메일** uxreviewkorea@gmail.com

낙장 및 파본은 구매처에서 교환해 드립니다.
구입 철회는 구매처 규정에 따라 교환 및 환불처리가 됩니다.

ISBN 979-11-88314-79-9

유엑스리뷰는 여러분의 소중한 원고를 기다리고 있습니다.
원고 투고는 유엑스리뷰 이메일을 이용해주세요.
여러분의 가치 있는 아이디어와 경험을 많은 사람과 나누기 바랍니다.
uxreviewkorea@gmail.com

유엑스리뷰

유엑스리뷰는 한국 최초로
스타트업과 UX 전문 콘텐츠를 만드는 출판사로,
경영 전략, 마케팅, 디자인, IT 분야의 도서를
출간하고 있습니다.